JN063541

特別支援の必要な子に役立つ

かんたん

教材づくり II

「いつもどおり」ができない災害時にも役立つ教材集

著

武井 恒

☀ 学芸みらい社

特別支援の必要な子のための教材とは

1 はじめに
—日常・非日常における教材の意味—

2020年2月27日、新型コロナウィルスの感染拡大の影響により、全国すべての学校が臨時休校を余儀なくされた。障害のある子どもたちの中には、突然の臨時休校に生活リズムが崩れ、気持ちが不安定になる子も少なくなかった。

このような状況で子どもに必要な支援は何か。今後求められる「ICT活用による学びの保障」はもちろん大事である。その一方で、具体的な教材でこそ救われる子どもたちもいる。どちらがいいではなく、どちらの方向も探っていく必要がある。

本書では、前著『特別支援の必要な子に役立つかんたん教材づくり㉙』にはない、「災害時など、避難所等でも役立つ教材」の章を設けた。先を予測できない今日では、学力の保障だけでなく、生活の保障も大切になる。その核となるのが「心の安定」である。これをねらいにした教材も載せた。

何かがあったら「教材を作る」のではなく、作っておいて日常の中で使いこなせるとよい。

心が不安定になりそうなとき、「この教材があれば乗り越えていける」と子どもたちに思ってもらいたい。子どもたちの学びと心の安定のために、本書を活用していただければ幸いである。

2 特別支援の必要な子への教材を考える

1 子ども理解のためのツリーモデル

教材は、子どもを支援するためのツールである。特に自分で作る教材は、目の前の子どもに合わせた支援となる。教材を作る中で子どもの姿を想像し、使い方を考える。教材作りは、まさに「子ども理解」である。しかし、子ども理解のためにやるべきことは教材作りだけではない。子どもの課題を分析し、多面的な実態把握ができることが前提となる。

例えば、文字を書くことが苦手な子がいたとする。その場合、すぐにどんな教材を使って(作って)、どんな支援をするかと考えがちであるが、その前にやるべきことがある。それは、「なぜ文字を書くことが苦手なのか」という分析である。もしかしたら手先が不器用なため、

図1 子ども理解のためのツリーモデル

まだ成果が見られない。

長期間で、成果が出はじめている。

短期間で指導・支援に成果が見られた。

指導・支援

課題(木の幹)には太いものもあれば細いものある。太ければ太いほど、子どもの困り感は大きい。中心課題となる。

見える
見えない

課題

課題

背景・要因

短く細いのもあれば、太く長いのもある。根っこ同士が絡まっている場合もあれば、他の木の根っこと絡まっている場合もある。つまり、背景のカテゴリーである環境、特性、体調、関わりなどが複雑に重複している場合がある。

書けないのかもしれない。目と手の協応が苦手なためかもしれない。他にも、子どもによって書けない理由は様々考えられるだろう。

すぐに指導・支援を考えるのではなく、一度立ち止まって、子どもの課題の背景を探る思考を大切にしたい。そこで 図1 のようなモデルを考えた。

これは、子ども理解を木の「幹」「根」「枝」「実」にたとえたものである。「幹」の部分は子どもが見せる「課題」である。太ければ太いほど、子どもは困っている状態である。その「課題」の背景には、見えない部分の「根」がある。これが「課題」の「背景・要因」である。短く細いものもあれば、太く長いものもある。他の木の「根」と絡み合って、他の「課題」となる場合もあるだろう。そして、「指導・支援」は手立ての「枝」になる。「背景・要因」を複数考えられることが、様々な「指導・支援」につながる。この中には、自作教材での支援も含まれる。短期間で成果が見られる（「実」ができる）ものもあれば、長期間で成果が出るものもある。様々な支援を講じることが子どもの成長に結びついていく。

このように、教材を考える際には、子ども

の行動を「見えている部分」と「見えていない部分」から多面的に捉えることが大切になる。

② 背景を探るサポートシート

よりよい支援・指導をするため、子どもの行動から背景を探るのがサポートシート 図2 である。すぐに「How to」を求める思考ではなく、行動の背景を探る「Why」の視点を大切にする。

サポートシートのポイントは、①行動の背景を考える視点と、②将来を見据えた視点を取り入れたことである。①を考えて記入することで、子どもを多面的に実態把握することができる。また、行動の課題から②を考えて記入することで、系統性のある指導や支援を意識することもできる。

ただ、サポートシートはあくまでもよりよい指導や支援をするためのツールであり、記入することが目的ではない。記入する中で、様々な課題となる子どもの行動の背景、および指導・支援を探っていくことが求められる。

また、子どもを多面的に把握するため、サポートシートは複数人で検討するとよい。記入するだけでなく、指導者間で話をすることも大切である。

これらのツールを活用して、子どもの力になる支援を多数生み出していただきたいと願っている。

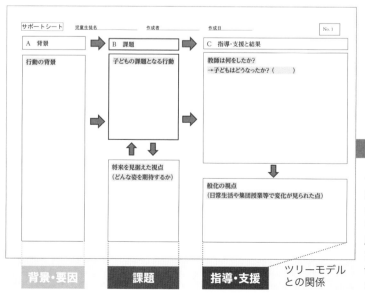

図2 サポートシート

サポートシートの記入例や記入の仕方については、右のQRコードから動画で解説している。また、実際に使用できるように図2もダウンロードできるようにした。ぜひ現場で活用していただきたい。

目 次

所要時間と
効果の目安

所要時間		
10分	←	教材を作るのに かかる時間
効 果		
★★★	←	子どもの学習効果を 3段階で評価

第2章　災害時など、避難所等でも役立つ教材

ざらざら文字

1

ねらい：指でなぞることで、文字の形を覚えることができる。

「ざらざら文字」は、紙やすりの上に切り抜いた文字シートを貼った教材である。ざらざらしている見た目から、子どもたちは思わず触りたくなるようだ。指でなぞる動作を通して、文字を覚えていく。指でなぞることで、文字の形を覚えることができる。

課題

文字に興味があるが、覚えられない子がいる。そんな子には、多感覚で教えることが有効である。視覚（文字を見る）、聴覚（声に出して読む）に加え、触覚（指でなぞる）を使うのである。指でなぞるときは、より刺激が入るほうが記憶に残りやすい。

作り方

材料　①紙やすり
　　　　②画用紙
　　　　　（黒など、紙やすりが目立つ色がよい）
道具　①はさみまたはカッター
　　　　②ボンド

ポイント・コツ　check!

紙やすりの目の粗さを変えると、指で感じる刺激の強さが変わる。

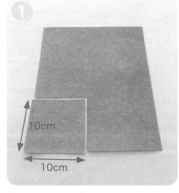

紙やすりと画用紙を正方形に切る。

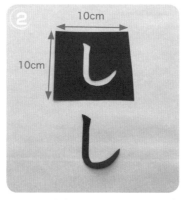

画用紙を文字の形に切り抜く。下書きをしてから行うとよい。

紙やすりの上に、文字を切り抜いた画用紙を貼りつける。

使い方

「ざらざら文字」を提示し、指でなぞる見本を見せる。教師と一緒に文字を読む。

子どもの指を上から支え、一緒になぞる。

子どもが1人で文字をなぞる。

ポイント・コツ

check!

① 自分の名前や身近なものに含まれる文字から始める。

② ざらざらだけでなく、机の上やノートの上など、つるつるした面でもなぞると、違いがわかりやすくなる。

子どもの反応

　Y君は、文字に興味はあったが、なかなか覚えることができなかった。また、教師の後について文字を復唱することはできたが、書くことや文字を探し出すことは難しかった。

　そこで、様々な教材を用いて、文字に触れる機会を増やした。その1つが「ざらざら文字」である。文字の部分が紙やすりでできているため、見ただけでざらざらしていることがわかる。ある部分の素材が違う教材は、そこが気になって触りたくなる子どもが多い。Y君も同様だった。「ざらざら文字」を提示すると、自ら触りはじめた。私は、良い教材の条件の1つは、「自ら触りたくなるもの」であると考える。「ざらざら文字」は、まさしく触りたくなる教材である。

　最初、Y君に「ざらざら文字」を提示すると、

触るだけでなぞることはしなかった。

　そこで、まずはなぞる見本を見せた。その後、Y君の指を上から支え、一緒になぞった。最後は、Y君だけでなぞらせた。簡単な文字なら、筆順どおりになぞることができた。また、ゆっくり感触を確かめながらなぞる姿も見られるようになった。

　「なぞり文字」の利点は、以下の2つである。

❶ 多感覚で文字を学ぶことができる。

❷ 自ら触りたくなる素材で、学習のきっかけを作ることができる。

　文字の前に、線や形でも応用可能である。「指先は第二の脳」といわれるように、たくさん動かすと脳に刺激が届く。多感覚で指導することは文字指導以外でも有効である。

2 モール文字

ねらい：「はね」や「おれ」などを意識して、文字の形を捉えることができる。

所要時間
5分
効果
★★☆

「モール文字」は、いろいろな長さにモールを切り、組み合わせて文字を作る教材である。モールは針金が入っているため、文字の形を作る過程で「はね」「はらい」「おれ」「まがり」などを意識させることができる。

課題

文字を読むことはできても書けない子がいる。保護者は、なんとか自分の名前くらいは書けてほしいと願う。しかし、何度書いてもうまく書けない。それには理由がある。すぐに鉛筆を持たせるからである。はじめは、様々な教材を使って、文字の形を捉える指導が必要である。

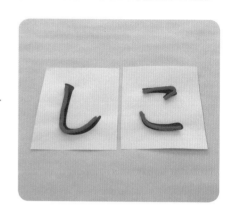

作り方

材料　①モール
　　　　②文字を印刷した紙
道具　①はさみまたはカッター

ポイント・コツ　check!

自分の名前の文字を中心に、重なりの少ない文字から始める。

文字を教科書体で印刷する。（厚紙に印刷したり、厚紙に貼ったりすると扱いやすくなる。）

文字に合うモールの長さの見当をつける。

モールを適度な長さに切る。これを数種類用意する。

使い方

文字の台紙と必要な長さのモールを用意する。

文字の台紙の上にモールを置く。

台紙の上ではないところで、モールで文字を作る。

ポイント・コツ　check!

基本は同じ色のモールで1文字を作るが、1画ずつ意識させたいときや線の重なりを強調させたいときは、色の違うモールを使用してもよい。

子どもの反応

　D君は、文字に興味をもちはじめ、自分の名前を中心に読める文字が増えてきた子である。次第に「文字を書きたい」という気持ちになってきたようである。紙と鉛筆を持ってきて、ぐるぐるとなぐり書きしたり、直線を交差させて文字のようなものを書いたりする姿が見られた。しかし、本人は文字を書いているつもりでも、まわりは何という文字を書いているのか、わからなかった。そこで、自分の名前を中心にした文字指導を始めた。

　最初に、プリントを使ってなぞり書きをさせてみた。文字を書く意識はあったが、はみ出さずになぞることが難しかった。そこで、使った教材の1つが「モール文字」である。

　数種類の長さのモールを用意し、提示する。まず、私が見本を見せ、プリントの文字枠に合わせてモールを置いた。「はね」や「おれ」に注目させ、丁寧にやってみせる。その間、D君はやりたそうな目をしながら、私の操作

をよく見ていた。

　次に、D君にやってみるよう伝えた。最初に提示した文字は「い」である。名前にも入っている文字である。見本と同じように、プリントの文字枠にモールを並べるD君。長さの違いに気づき、1画目に長いモール、2画目に短いモールを並べた。1画目のはねの部分も意識し、モールの一部を曲げる様子も見られた。「モール文字」の利点は、以下の2つである。

❶ 文字の細かな部分に注目することができる。

❷ 文字の形を把握することができる。

「モール文字」と並行して、ペン先が柔らかいホワイトボード用のペンなどの筆記具を使い、書字の学習も行った。次第に重なりのある文字も書けるようになっていった。書字の学習ではすぐに書かせず、操作しながら文字の形を把握することが大切である。

3 マグネット平仮名なぞり

ねらい：整った文字を書くことができる。

所要時間
10分
効果
★★☆

「マグネット平仮名なぞり」は、マグネットシートを文字の形に切り抜いたものである。子どもは、切り抜いた枠の中をなぞることで、はみ出さずに正確な文字を書くことができる。また、切り取った文字の上で書くときは、マグネットの凸面から落ちないように、自発的にペンの動きを調整するようになる。

課題

　文字は書けるが、形が整わず、字形が崩れてしまう子がいる。プリント等でなぞり書きをすると、なぞることはできる。しかし、お手本がないと字形が崩れてしまう。はね、とめ、はらいなど、文字を書くときのポイントをつかむことで、整った文字を書く力がつく。

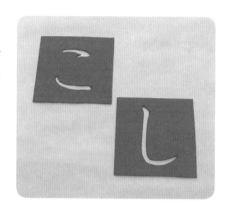

作り方

材料
　①ホワイトボード（A4）　1つ
　②マグネットシート（A4）　1〜2枚
　③ホワイトボード用のペン　1本
　④下書き用の印刷した文字

道具
　①カッター
　②下書き用のペンなど

ポイント・コツ
check!

整った文字を書く基礎として取り組むとよい。

下書き用の文字を切り取る。教科書体が望ましい。

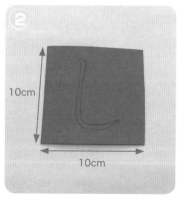
マグネットシートに、文字を下書きする。

カッターを使い、マグネットシートを切る。

使い方

① ホワイトボードの上に、「マグネット平仮名なぞり」の切り抜いたほうを置く。ホワイトボード用のペンで枠の中をなぞる。

② ホワイトボードの上に、「マグネット平仮名なぞり」の切り取ったほうを置く。ホワイトボード用のペンでマグネットの上を落ちないようになぞる。

③ なぞって書けるようになったら、「マグネット平仮名なぞり」の切り抜いたほうを見て、書き写す。

ポイント・コツ　check!

自分の名前や画数の少ない平仮名（「し」「こ」など）で行うとよい。「あ」や「す」など、重なりのある文字は難しいため、本教材では扱わない。

子どもの反応

D君は、文字を書きたい気持ちはあるが、字形が崩れてしまうことが多かった。そのため、本人は字を書いているつもりでも、まわりは何を書いたかわからないことがあった。

そこで、まず文字プリントを使い、なぞり書きから練習を始めた。文字の大きさを調整し、画数の少ない簡単な文字から取り組んだ。筆記具も芯の硬い鉛筆ではなく、ペン先の柔らかいホワイトボード用のペンを使った。繰り返し取り組むことで、なぞることはできるようになった。しかし、お手本の文字がないと、整った文字を書くことは難しかった。そこで、「マグネット平仮名なぞり」教材を用いた。

まず、ホワイトボードの上に、「マグネット平仮名なぞり」の切り抜いたものを置く。私が見本を見せた後、D君がホワイトボード用のペンで枠の中をなぞる。凹面であるため、はみ出さずになぞることができた。

なぞった後、「マグネット平仮名なぞり」の枠を取り除くと、お手本そっくりの文字が現れた。私は思わず、「上手！」と声を出した。D君も一瞬驚いた顔をした後、笑顔になった。そして、まわりの先生に「見て」と言って、書いた文字を見せて回っていた。非常に満足した嬉しそうな表情だった。

「マグネット平仮名なぞり」の利点は、以下の2つである。

❶ マグネットの凹凸面が触覚的な手がかりとなり、はみ出さずになぞることができる。

❷ 達成感を味わうことができる。

D君は継続して「マグネット平仮名なぞり」に取り組み、文字の形を認識できるようになった。次第に教材を切り抜いたほうの手本がなくても、書けるようになっていった。

所要時間
15分
効果
★★☆

4 仲間ことばビンゴ

ねらい：①楽しみながら、単語とイラストを合わせることができる。
②仲間の単語を捉えられる。③縦、横、斜めの理解ができる。

「仲間ことばビンゴ」は、切り取ったカラーボードに文字やイラストを貼ったものである。文字とイラストを対応させながら、縦、横、斜めを意識させる。

課題

学習することに苦手意識があり、教材を提示すると嫌がる子がいる。特に文字の学習は、抽象的な事柄を扱うこともあり、苦手意識が強い子も多い。そのような子どもたちには、学習することが楽しみになるような教材が必要である。楽しみながらいつの間にか学んでいるという活動が理想である。

作り方

材料
①カラーボード（2色）
②イラストを印刷した紙
（1つのカテゴリーで9種）　各2枚
③文字を印刷した紙
（②のイラストに対応）　各1枚
④角材（5mm×5mm）
⑤袋

道具
①はさみまたはカッター
②両面テープ

ポイント・コツ

check!

イラストのカテゴリーは、動物や食べ物など、子どもの関心のあるものを選ぶ。

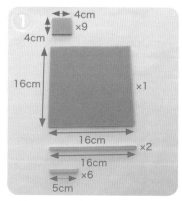

4cm ×9
4cm

16cm ×1

16cm

16cm ×2

16cm
5cm ×6

2枚のカラーボードを正方形に切り取る（イラストボード用と枠用）。角材を切る。

裏　表
ばす

【イラストボード】切り取ったカラーボードの両面に、イラストの紙と文字の紙をそれぞれ貼る。

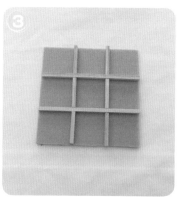

【枠】大きな正方形のカラーボードのまわりに、角材を貼りつけて枠を作る。

使い方

枠に９枚のイラストを並べる。「イラストボード」は袋の中に入れる。

袋の中から「イラストボード」を取って、枠の中のイラストに合わせて置く。

縦、横、斜めのいずれかがそろったら、「ビンゴ」と言う。何回でビンゴになるかを競う。

ポイント・コツ

枠の中に並べる「イラストボード」を裏返して文字にしたり、袋から出したときに表裏を確認したりして、文字を意識できるようにする。

子どもの反応

　Мさんは、文字に対する苦手意識があり、文字を読んだり書いたりする学習をやりたがらなかった。教師の後について平仮名を読んだり、文字をなぞり書きしたりする学習になると、席を離れてしまうことも多かった。

　そこで、ゲームの要素を取り入れて文字学習を進めることにした。取り入れたものは「仲間ことばビンゴ」である。ビンゴは、学級でのお楽しみ会や家庭でも取り組んだことのある活動である。ビンゴの活動を通して文字に触れ、イラストと文字を自然にマッチングさせて覚えていけるように工夫した。

　早速９マスの枠に、イラストを置いて提示した。袋の中には表にイラスト、裏に文字の書かれたボードを入れ、選ばせた。選んだイラストと同じイラストを枠の中から見つけ、上に重ねていった。

　縦と横は見やすく、関係性が理解しやすい様子だった。Мさんは、列がそろうと「ビンゴ」と嬉しそうに声を出していた。

　しかし、斜めは難しい様子だった。そろっていても気づかないこともあった。縦、横は、日常生活でもカレンダーや週時表などで見ることが多い。それに比べて、ものを斜めに見る機会は少ない。だから必然的に斜めに見る目の動きも少なくなる。

　そこで、棒を使い、そろったら上から縦、横、斜めに置くようにした。これにより、斜めを視覚的に理解している様子だった。

　「仲間ことばビンゴ」の利点は、以下の２つである。

❶ 楽しみながら、文字とイラストを合わせることができる。

❷ 縦、横、斜めの理解ができる。

　最初は、イラストのみでマッチングしていたМさんだが、次第に文字にも興味を示し、カードを裏返して文字を確認したり、読んだりしながら取り組むようになった。苦手な学習も、楽しみを取り入れることで自然と取り組み、身につくようになる。

5 絵ことばカード

所要時間
10分
効果
★★★

ねらい：①イラストを手がかりに単語を読むことができる。
②イラストがなくても単語を読むことができる。

「絵ことばカード」は、表に文字と薄いイラストが描かれている。裏には、文字だけが書かれている。子どもは最初、イラストを手がかりに答える。やがて、文字だけでも答えられるようになっていく。

課題

イラストを見て、ものの名前を答えることができる。しかし、文字（単語）だけでは読めない子がいる。イラストと文字が一致していないのである。文字を意味あるものとして捉え、日常生活の中で使用できるようになると、コミュニケーションの幅が広がっていく。

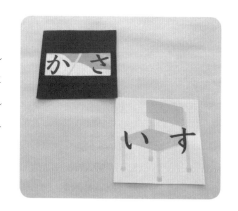

作り方

材料 ①薄いイラストと文字が印刷された紙
②文字が印刷された紙
　（①のイラストに対応）
③色画用紙（黄色と黒など）

道具 ①はさみまたはカッター
②のりまたは両面テープ

ポイント・コツ　check!

耐久性を高めるために、ラミネート加工をしてもよい。その際、子どもが触ってけがをしないよう、ラミネートの角を丸く切っておく。（市販の道具を使ってもよい。）

① パソコンで文字カードを作る。文字の背景に、色の薄いイラストを入れる（詳細は78ページ参照）。

② 文字のみのカードを作る。色画用紙の表裏にそれぞれを貼る。

③ 色画用紙をカードの文字が見えるくらいに切り取り、「絵ことばカード」にかぶせる枠を作る。

使い方

薄いイラストが描かれているほうの
カードの面を見せ、子どもに読ませる。

①のカードに黒枠を付けて、同様に
行う。(隙間からイラストが見えるこ
とがヒントになる。)

裏返して、文字のみのカードの面を
見せて、子どもに読ませる。

ポイント・コツ

check!

①文字数の少ないものや身近な単語から始める。例
　えば「き(木)」「くち(口)」など。実物があると
　きは、一緒に使って結びつけられるとよい。

②かぶせる黒枠は必要に応じて使う。より文字に注
　目させるために、あえてイラストを見せなくする。

子どもの反応

　D君は、これまでの経験からいろいろな絵
カードを見て、答えることができた。しかし、
文字を読むことは難しく、イラストと文字が
一致していなかった。

　そこで、イラストを手がかりにして文字に
興味をもってもらおうと「絵ことばカード」
を作成した。日常生活でよく使うものや興味
のあるものを取り上げ、「勉強」「食べ物」など、
カテゴリーを分けて作成した。

　最初はイラストを手がかりにどんどん答え
ていた。休み時間も、自分でカードを並べて
行うようになり、いつのまにか文字だけでも
答えられることが増えていった。日常生活で
も、自分や友達の名前の文字を見つけて、「こ
れ、『あめ』の『あ』」などと言う場面が見ら
れるようになった。

　「絵ことばカード」により、文字を単語(かた
まり)として読めるようになり、その後、音韻
分解(単語を1文字ずつ分ける)や音韻抽出(単
語から1文字選ぶ)が少しずつできるように
なった。

　「絵ことばカード」の利点は、以下の2つで
ある。

❶ 薄いイラストを手がかりに文字を読
　 むことができる。

❷ 文字が主役であるため、イラストと
　 文字が一致しやすい。

　文字が読めるようになると世界が変わる。
日常生活の中の文字に気づき、語彙が増える。
必然的に言葉でのコミュニケーションも増え、
人と適切にやりとりできるようになっていく。

6 絵ことば分割カード

ねらい：①文字を１文字ずつ読むことができる。
②単語の意味がわかる。

「絵ことば分割カード」は、「絵ことばカード」をカラーボードに付け、１文字ずつになるように分割したものである。文字を組み合わせて単語にしたり、単語を分解して１文字ずつ読んだりすることを通して、文字と意味の一致を図る。

課題

単語として文字を読むことができるが、１文字ずつの平仮名を読むことができない子がいる。反対に、１文字ずつ読むことはできるが、単語になると読めない子もいる。また、単語は読むことはできても、意味がわからない場合もある。

作り方

材料　①絵ことばカード　各２枚ずつ
　　　　（見本用と分割用）
　　　　②文字が印刷された紙
　　　　（①のイラストに対応）
　　　　③カラーボード

道具　①はさみまたはカッター
　　　　②両面テープ

ポイント・コツ　check!

見本にする「絵ことばカード」は、画用紙に貼っておくと扱いやすい。

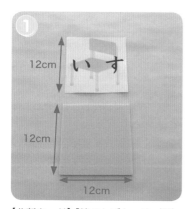

①【分割カード】「絵ことばカード」（紙）の一方を、同じ大きさに切ったカラーボードに貼る。もう一方は見本とする。

❶を文字数に合わせて切る。（２文字なら２分割、３文字なら３分割にする。）

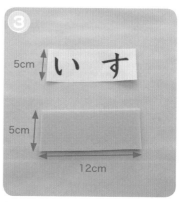

【文字カード】文字が印刷された紙を、同じ大きさに切ったカラーボードに貼る。

使い方

① 見本とともに「分割カード」を提示し、教師が単語を読んでから渡す。

② 子どもは、見本に合わせて「分割カード」を置く。

③「文字カード」を合わせて、子どもが読む。

ポイント・コツ　check!

完成したら、「『くつ』の『く』はどれ？」と問いかけて音韻抽出を促したり、「『く』と『つ』を合わせると何になる？」と音韻の合成を促したりすると効果的である。

子どもの反応

　D君に対しては、これまで「絵ことばカード」で読みの学習を進めてきた。繰り返し取り組むことで、薄いイラストがない文字だけの単語でも、だいぶ読めるようになってきた。しかし、単語なら読めるが、1文字ずつだと読めないことがあった。例えば、「ほん」なら読むことができるが、1文字ずつ提示して問うと、「ほ」と読むことができない。

　五十音の中の1文字である「ほ」は、それだけでは意味をなさない。「ん」も同様である。「ほ」と「ん」が合わさって初めて「ほん（本）」となり、意味をもつ。このことがD君は理解できていない様子だった。

　そこで、「絵ことば分割カード」を作成した。まずは2音節の単語から始めた。これまで読んできた「絵ことばカード」を分けたものなので、すんなり取り組めた。

　「くつ」の単語を学習したときの印象的なエピソードがある。

　私が、「く」と「つ」の「分割カード」をD君に提示するとき、あえて「つ」「く」と読めるように渡した。すると、D君はいつもどおり、そのまま見本の上に「つく」と置いた。しかし、すぐに間違いに気づき、「くつ」となるように、「つ」と「く」の「分割カード」を入れ替えた。分割が、音節を分ける視覚支援となり、私の後に続いて1文字ずつ読むこともできた。1文字ずつを意識して取り組んだ瞬間だった。

　「絵ことば分割カード」の利点は、以下の2つである。

❶ 分割が音節を分ける視覚支援となる。

❷ 文字を組み合わせることで、単語になることが触覚的にわかる。

　文字を読めるということは、文字が組み合わさって単語になり、さらにその意味がわかるということである。子どもが何につまずいているかを把握することが指導のきっかけとなる。

文字を読むのが苦手　単語の意味がわからない

7 絵と文字合わせ

ねらい：単語とその意味を一致させることができる。

所要時間
15分
効果
★★★

「絵と文字合わせ」は、カラーボードに３種類のカード（イラストと文字、薄いイラストと文字、文字のみ）を貼ったものである。枠に並べることで、段階的に文字とイラスト（意味）を一致させることができる。

課題

同じイラスト同士や同じ文字同士をマッチングさせる（合わせる）ことはできるが、イラストと文字をマッチングできない子がいる。また、イラストを見て名称を答えることはできるが、文字のみでは答えられない。文字とその意味がつながらないのだ。文字と意味をマッチングできるためには、段階を踏んだ指導が必要である。

作り方

材料　①カラーボード
　　　　②文字やイラストを印刷したもの
　　　　　（２つの言葉で３種）
　　　　　・イラストと文字
　　　　　・薄いイラストと文字
　　　　　・文字のみ
道具　①はさみまたはカッター
　　　　②両面テープ

ポイント・コツ

check!

①「文字のみ」では自信がない子もいる。裏に「イラストと文字」も貼っておくと、裏返して確認できる。
②「薄いイラストと文字」は絵の透過性を高くし、文字が主役になるようにする。

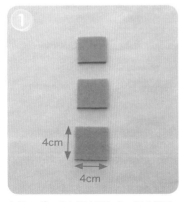

カラーボードを正方形に３つ切り取る。

❶に、「イラストと文字」「薄いイラストと文字」「文字のみ」を印刷したものを貼る。

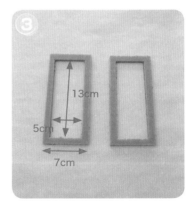

カラーボードを長方形に切り抜き（❷が３つ入る大きさ）、２つ枠を作る。

使い方

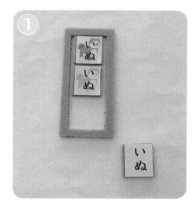

③3種類のカードを1つずつ子どもに提示して、順番に入れさせる。

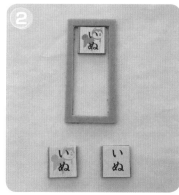

3種類のカードを2つ同時に子どもに提示して、順番に入れさせる。

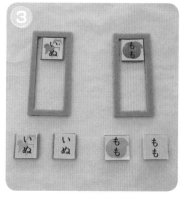

複数のカードや枠を使い、分類する。

ポイント・コツ

check!

できるようになったら、一度に3種類のカードを提示してもよい。

子どもの反応

　S君は、教師の後に続いて平仮名五十音を発声することができた。しかし、その文字が何を意味するのかはわかっていなかった。つまり、文字とものが結びついていなかった。そこで、絵と文字を結びつける教材*を使った指導を行ったが、なかなか思うように理解することが難しかった。イラストはイラスト、文字は文字として認識している様子だった。

　そこで、「絵と文字合わせ」教材を作成した。S君に教材を提示すると、枠の中にイラストと文字が描かれたカードを入れた。次に、薄いイラストと文字が一緒に描かれたカードを提示した。ためらいながらも並べて入れることができた。全く同じではない2つのカードであるが、背景に同じイラストを使っているため、手がかりとすることができたのだろう。

　さらに、それに文字のみのカードを合わせる。「イラストと文字→薄いイラストと文字→

文字のみ」の順でカードを並べていく。徐々に、イラストから文字に視覚的に移行するのだ。これを複数のイラストのカードを使って継続して行ううちに、イラストと文字を合わせることができるようになった。

「絵と文字合わせ」の利点は、以下の2つである。

❶ 段階的にイラストと文字を合わせることができる。

❷ 文字（単語）の意味に気づくことができる。

　本来、違う形やイラストをマッチングさせることは難しい。厳密にいうと、全く同じものではないからだ。しかし、「絵と文字合わせ」教材により、段階的にこれを結びつけられる。

　指導はもちろん、教材にもスモールステップの概念が大切である。

＊「絵と文字のマッチング教材」による指導。『特別支援が必要な子に役立つかんたん教材づくり㉙』学芸みらい社（著／武井恒）参照。

8 音韻タッチ

ねらい：言葉と音の数を一致させることができる。

所要時間
5分

効果
★★★

「音韻タッチ」は、カラーボード台に穴をあけ、トイレットペーパーの芯を付けたものである。子どもは、トイレットペーパーの穴を塞ぐようにタッチしながら、音のまとまりを学習する。

課題

覚えていた平仮名を、なかなか読もうとしない子、また読めない子がいる。1文字ずつ拾い読みを続けていても、単語や文章を読んで理解することは難しい。だからこそ、音韻意識を高めることが大切である。音韻意識とは、言葉がどんな音のかたまりに分かれるかを認識することである。この音韻意識が育っていないと、本来の文字を読むことにはならない。

作り方

材料 ①カラーボード
②トイレットペーパーの芯　3本

道具 ①はさみまたはカッター
②両面テープまたはボンド

ポイント・コツ

check!

最初は、トイレットペーパーの芯が1つ（1音）の言葉や音から始め、徐々に増やしていく。

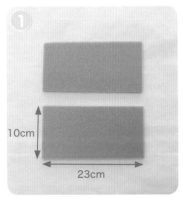

カラーボードを四角に切ったものを、2枚作る。

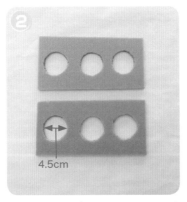

2枚のカラーボードに穴をあけ、貼り合わせる。

穴にトイレットペーパーの芯をはめる。

使い方

教師が、「みかん」などと言って3回
手を叩く。子どもは真似して、「みか
ん」と言いながら3回手を叩く。（聴
覚による音韻分解）

子どもから見て左から右へ
順にタッチする。

教師が、「みかん」などと言って、順
に3回芯をタッチする。子どもは真
似して言いながら、順に3回芯をタッ
チする。（視覚による音韻分解）

「みかんの『ん』はどこ？」などと問
いかけ、子どもは対応した芯をタッ
チする。（音韻抽出）

ポイント・コツ

check!

①「音韻タッチ」教材を縦にして、上から下へ順にタッチするのもよい。縦書きにも対応できる。

②イラストを併用して単語と絵を一致させると、意味理解へもつなげられ、効果的である。

子どもの反応

　Y君は、簡単な要求や自分の意思を言葉で
発することができた。次第に文字にも興味が
出てきて、教師の真似をして単語を読む姿も
見られるようになった。しかし、平仮名を覚
えて読むことはまだ難しかった。

　文字を書く以前に、文字を読むことが大切
である。ただ読むだけでなく、文字から意味
を読み取る力もまた大切である。子どもが文
字を読むようになるために大切な働きかけの
1つが「音韻意識を高めること」である。音
韻意識とは、例えば、「みかん」という単語が、
「み」から始まって「ん」で終わる3文字で
あると認識できることである。

　Y君の音韻意識を高めるために、まず文字
の数だけ手を叩く活動（音韻分解）を行った。
私が「み・か・ん」と言いながら、3回手を
叩く。Y君にも同じように行うよう促した。
Y君は、「み・か・ん」と言いながら1回だけ
手を叩いた。文字数と音が一致していなかった。

　音は消えてしまうものだ。そこで、音の数
が見てわかるように、「音韻タッチ」教材を
作成した。まず私が「み・か・ん」と言いな
がら、3つの芯を順にタッチしていく。Y君
はすぐにやり方を理解し、「み・か・ん」と
言いながら3つの芯をタッチすることができ
た。しっかり音韻分解ができている。

　「音韻タッチ」の利点は、以下の2つである。

❶ 音の数を目で確認することができる。

❷ 操作しながら、音韻分解する力をつ
　 けることができる。

　実はY君は「穴」が好きな子だった。日常
生活でも穴を見つけると気になって中をのぞ
く。だから「音韻タッチ」では、あえて筒状
のトイレットペーパーの芯を使った。

　教材作成のポイントは、子どもの興味を生
かす点である。興味をもてるような教材を作成
し、子どもの課題に迫ることが大切だと考える。

9 マグネット五十音

ねらい：文字を選んで、意味（イラスト）に対応した
単語を作ることができる。

所要時間
15分
効果
★★★

「マグネット五十音」は、マグネットに五十音の文字シールを貼ったものである。文字を取り出して組み合わせる活動をすることで、単語と文字とイラストの一致を図る。

課題

文字に興味があっても、読むことが難しい子がいる。1文字ずつ確認できても、それを組み合わせた単語とイラストや実物が一致しない。そのような子に、文字を組み合わせて単語を作り、イラストと対応させる指導を行う。文字に意味があることがわかると、コミュニケーション力が高まる。

作り方

材料　①マグネット　46個
　　　　②ホワイトボード（B4）　1枚
　　　　③五十音シール
　　　　④五十音シート（印刷した五十音の紙）
　　　　⑤カラーボード
　　　　⑥イラスト

道具　①はさみまたはカッター

ポイント・コツ　check!

清音ができるようになったら、促音、長音、濁音、半濁音などに取り組む。

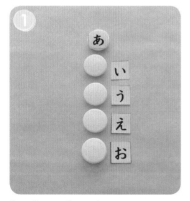

【マグネット】マグネットに文字を1枚ずつ貼る。

【五十音表】ホワイトボードに五十音シートを貼る。

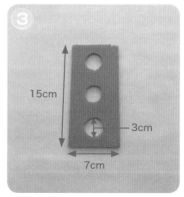

【文字枠】カラーボードをカットし、丸く切り抜く。切り抜く丸の数はイラストに応じる。

使い方

教師が五十音表と文字枠とイラストを提示する。（五十音表にマグネットをつけておく。）

イラストに対応した文字を探し、順番どおりに並べる。作った単語を教師と一緒に読む。

選んだ文字を元の場所へ戻す。

ポイント・コツ

check!

イラストに対応した文字を五十音表から選ぶことが難しい場合は、必要な文字のみ先に五十音表から取り出しておく。

子どもの反応

　J君は、平仮名五十音を読むことができた。しかし、文字を組み合わせた言葉が、何を意味するのかはわからなかった。文字とものが結びついていなかったのである。

　そこで、絵と文字をつなげる教材＊を使った指導を行った。これにより、絵と文字（単語）が結びつき、文字の意味に気づけるようになった。

　次に、文字を構成して使いこなすことを目指した。つまり、五十音を知り、自分で文字を組み合わせて言葉を作るのである。単語としての「うま」と馬のイラストを結びつける教材から、五十音の中から「う」と「ま」の文字を選び、並べて「うま」を作る教材への移行である。「うま」は、「う」と「ま」の2音節からできていることを理解させたかった。

　まず、五十音全てを提示するのではなく、イラストに必要な文字だけを取り出して行っ

た。先の例では、「う」と「ま」だけである。

　次に、あ行とま行だけを提示し、その中から必要な文字を選ばせる。これができたら、五十音全ての中から必要な文字を選ばせる。このようなスモールステップで指導するうち、J君は次第にイラストに対応した文字を、選んで組み合わせることができるようになった。「マグネット五十音」の利点は、以下の2つである。

❶ 文字を並び替えながら、文字とイラストを合わせることができる。

❷ 文字の意味に気づくことができる。

　繰り返し取り組むことで、文字を並び替えると言葉ができることに気づく。文字の意味がわかるようになると、コミュニケーション力も高まっていく。

＊「絵と文字のマッチング教材」による指導。『特別支援が必要な子に役立つかんたん教材づくり㉙』学芸みらい社（著／武井恒）参照。

10 文作り板

ねらい：①動作（意味）に合わせた文を作ることができる。
②単語のつながりを考え、適切な助詞を選べる。

「文作り板」は、木枠に名詞、動詞、助詞のカードを並べたものである。子どもは、イラストに対応させたカードを取り出して並べる。

課題

　動作のあるイラスト（椅子に座るなど）を見て、「どんなことをしているか」は答えられるが、文章に表すことが難しい子がいる。とりわけ助詞の使い方が曖昧で、使いこなせない。そのため、相手に自分の思いが伝わりにくいこともある。そのような子には、選択肢を与えることが支援のきっかけになる。

作り方

材料　①カラーボード
　　　　②単語（名詞、動詞、助詞）を
　　　　　印刷した紙　各1～2枚
　　　　③木板（A4）　1枚
　　　　④角材（5mm×5mm）
　　　　⑤動作のイラストを印刷した紙（②と対応させる）
　　　　　2種（文字あり/文字なし）

道具　①はさみまたはカッター
　　　　②両面テープまたはボンド

ポイント・コツ
check!

助詞だけカラーボードの色を変えると、よりわかりやすくなる。

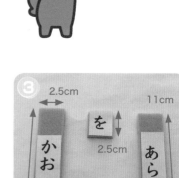

①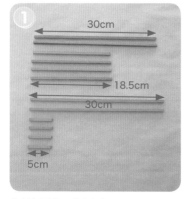
30cm
18.5cm
30cm
5cm

角材を写真のように切る。

②
5cm
18.5cm
12.5cm
3cm
30cm
12.5cm
30cm
回答枠　　選択肢枠

【回答枠】角材をカラーボードに写真のように貼る。
【選択肢枠】角材を木板に写真のように貼る。

③
2.5cm
11cm
を
2.5cm
かお
あらう
11cm

【単語カード】単語を印刷した紙を切る。カラーボードを切り、紙を貼る。文字を直接書いてもよい。

使い方

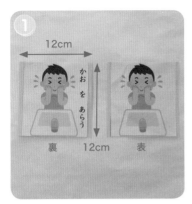

動作の「イラストカード」を提示する。状況に応じて表か裏かを教師が選ぶ。

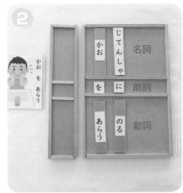

動詞、助詞、名詞の「単語カード」を提示する。（選択肢の数は、子どもの実態に応じて変える。）

子どもは、イラストに合うように回答枠に「単語カード」を並べる。

check!

ポイント・コツ

並べたら、「回答枠」の文と「イラストカード」の裏面の文を一緒に読んで、答え合わせをする。

子どもの反応

　S君は、自分の知っている言葉（単語）だけを使い、話をする子だった。例えば、「外」「行く」などである。具体的にどうしたいのかは言えない。かかわりのある教師や友達なら、S君のやりたいことを理解できる。ただ、かかわりの少ない人には、S君の思いが伝わらないことがあった。語彙が少ないために自分の思いが伝わらないと、泣きそうになる様子も見られた。

　そこで、語彙を増やす指導をするとともに、助詞にも注目できるような教材を作成した。それが「文作り板」である。まず、動作のイラストカードを見せて「何をしているイラストか」を問うた。S君は、顔を洗っているイラストを見て、「顔」「洗う」と答えた。それを褒め、次に文作りに取り組んだ。選択肢を提示し、動詞や助詞のカードを選ばせた。「イラストカード」の裏には答えの文が書かれているので、それを参考にする様子も見られた。

　回答枠にカードを入れた後は、一緒に読んだ。「かお」「を」「あらう」と、助詞を意識しながら読むことに継続して取り組んだ。次第に助詞の使い方にも慣れ、イラストカードの裏の文を見なくても答えられるようになった。「文作り板」の利点は、以下の2つである。

❶ 選択肢の単語カードを操作しながら考えることで、思考を促すことができる。

❷ 助詞に注目することができる。

「文作り板」により助詞を含めた文作り学習ができ、さらに語彙も増えた。日常生活でも「シールをください」と言うなど、助詞を加えて自分の思いを伝えられるようにもなってきた。思いが伝わると、自信にもつながる。自信がつくと、行動が変わる。教師は、いかに自信をつけさせる指導をするかが大事である。そのために教材を工夫するのである。

第１章　日常生活で役立つ教材

（1）文字・ことば

11 数字マグネット

所要時間
15分
効果
★★☆

ねらい：①数字を覚えることができる。②数の順序が
わかる。③数と量を一致させることができる。

「数字マグネット」は、マグネットに数字やドットシールを貼ったものである。マグネットを貼る活動を通して、数字、数詞、量の一致を図る。

課題

数の順序や量がわからない子がいる。数えることはできても順番どおりに数字を並べることができなかったり、数と量が一致しなかったりする。数を理解するためには、数字（1）と数詞（いち）と量（●）が結びつく必要がある。このような数の概念が理解できて初めて「数がわかる」ということになる。

作り方

材料 ①丸いマグネット　10個
　　　②ホワイトボード（B4）　1枚
　　　③マグネットシート（A4）　1枚
　　　④ドットシール

道具 ①はさみ または カッター
　　　②油性ペン

ポイント・コツ　check!

ドットシールは5のまとまりを意識して貼るとよい。

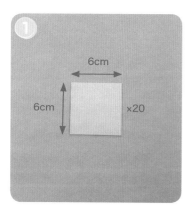

マグネットシートを切って20等分する。

【数字マグネットシート】【ドットマグネットシート】切り取ったマグネットシートに数字を書いたり、ドットシールを貼ったりする。

【丸マグネット】丸いマグネットに数字を書く。

使い方

ホワイトボードに「数字マグネットシート」を貼り、「丸マグネット」を提示する。子どもは数字を言いながら1から順に貼る。

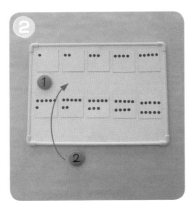

ホワイトボードに「ドットマグネットシート」を貼り、子どもはそこに「丸マグネット」を貼る。

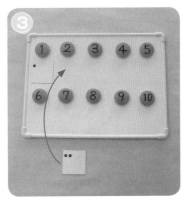

ホワイトボードに「丸マグネット」を貼り、子どもは「丸マグネット」の数字を見ながら、そこに「ドットマグネットシート」を貼る。

ポイント・コツ

check!

できるようになったら、ホワイトボードに「数字マグネットシート」や「ドットマグネットシート」の貼る位置を変えて、同じように行うとよい。

子どもの反応

　D君は、数を数えることができたが、数字と数詞、量の一致は曖昧だった。例えば、「3はどれ？」と問うと、数字の3を指すことはできたが、「3つ取って」と言うと、ものを3個数えて取ることは難しかった。数の順序についても、10までは数えられたが、ひとつひとつ順番にものと対応させて数えることは難しかった。そこで、作成した教材が「数字マグネット」である。

　まず、数字と数字をマッチングさせることから始めた。これは、数字同士をよく見て正確にできた。次に「ドットマグネットシート」に合わせて「丸マグネット」を置く課題に取り組んだ。最初は、ドットの数に注目せず、「丸マグネット」を貼りつけていた。そのため、貼りつけた後、ドットを数えて数を確認するようにした。次第にドットへ意識が向き、数字とドットの数が一致できるようになった。

　慣れてきたら、「ドットマグネットシート」をランダムに貼りつけ、「丸マグネット」と一致させる課題にも取り組んだ。次第に5のまとまりにも気づくようになった。これまで、ドットの6を答えるときは、1から順に数えていた。しかし、様々な提示方法で取り組むことで数のまとまりを意識し、瞬時に6と答えられるようになった。

「数字マグネット」の利点は、以下の2つである。

❶ 貼り替えることが容易なので、様々なバリエーションで数の学習ができる。

❷ スモールステップで学習ができる。

　10までの数が難しければ、5や3までの数から始めるとよい。「数字マグネットシート」や「ドットマグネットシート」のいずれか一方を提示し、クイズ形式にすることもできる。変化のある繰り返しで飽きずに取り組めるよう、工夫が必要である。

12 サイコロマッチング

ねらい：数と量を一致させることができる。

「サイコロマッチング」は、サイコロの出た目の数と同じ数のマグネットやマグネットシートを貼りつける活動である。操作しながら数と量を結びつける。

課題

　日常生活の中で数に触れる機会はたくさんある。例えば、すごろくなどのボードゲームである。すごろくでは、サイコロを使う。しかし、サイコロの目の数がわからず、ゲームに参加できない子もいる。サイコロの目の数と数字を一致させることで、数と量を結びつける必要がある。

作り方

材料　①丸いマグネット　6個
　　　　②ホワイトボード（A4）　2枚
　　　　③マグネットシート（A4）　1枚
　　　　④ブロック（市販のサイコロでも可）
　　　　⑤ドットシール

道具　①はさみまたはカッター
　　　　②油性ペン

ポイント・コツ　check!

サイコロの目の色を数ごとに変えると、色を手がかりにして答えることができる。

マグネットシートを切って、12分割する。

❶のシートに数字を書いたり、ドットシールを貼ったりする。
【サイコロ】ブロックにドットシールを貼り、サイコロを作る。

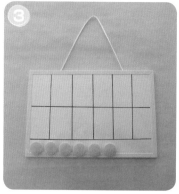

ホワイトボードに写真のような枠を描く。（テープを貼るのでもよい。）

使い方

ホワイトボードに「数字シート」と「ドットシート」を対応させて貼る。

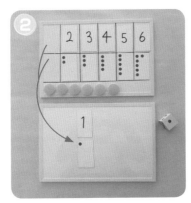

サイコロを転がし、出た目の数と同じ「数字シート」と「ドットシート」を選んでホワイトボードに貼る。

サイコロを転がし、❷と同様に行う。さらに出た目の数だけ丸いマグネットをホワイトボードに貼る。

ポイント・コツ

check!

4以上の数の理解が難しい子がいる。その場合は、3までのサイコロを作って同様に行うとよい。

子どもの反応

　D君は、数の理解が曖昧だった。特に、3以上の数になると、数と量が一致しない様子が見られた。クラスですごろくをしてもサイコロの目の数を瞬時に判断することが難しく、イライラすることもしばしばあった。サイコロをドットではなく数字にしたり、目の数の3までにしたりして対応したが、4以上の数の理解も促したかった。そこで、サイコロを使って、数の学習をすることにした。

　まず、サイコロの目（ドット）と数字をマッチングさせることから始めた。「数字シート」と「ドットシート」を使って、合わせていく。さらに、サイコロを振り、出た目の数を確認する。繰り返し取り組むことで、4以上の数も合わせられるようになった。

　次に、量との一致を図った。サイコロを振り、出た目の数と同じ数だけの丸いマグネットをホワイトボードに貼る。

　やはり、4以上の数になると、迷うことが

あった。そこで、マグネットを貼る枠を作って対応した。4の場合は、教師が4つの枠をホワイトボードに描き、そこに1つずつマグネットを貼る。これを続けることで、徐々に数と量が一致するようになった。やがて、枠を描かなくても、4以上の数のマグネットを正しく貼ることができるようになった。

　「サイコロマッチング」の利点は、以下の2つである。

❶ 6までの限定された数の中で、数と量の一致を図ることができる。

❷ 日常生活のボードゲーム等に生かすことができる。

　6までの数と量が一致できるようになったD君は、サイコロを使って友達とも遊べるようになった。学習が生活に生きると、学校生活が楽しくなる。生活に生きる学習こそ大切にしたい。

13 タッチゲーム

ねらい：数字や形を、言葉と一致させることができる。

所要時間
5分
効果
★★☆

「タッチゲーム」は、ホワイトボードに数字や形のマグネットシートを貼ったものである。教師の指示に合わせて同じものをタッチしていく中で、数字・形と言葉を一致させる。また、マグネットシートをランダムに貼ることで、広範囲に目を動かす力も高めることができる。

課題

　数字や形を知っているが、言葉と結びついていない子がいる。例えば、「さん」と言いながら「2」のカードを指差したり、「しかく」と言いながら三角の形を選んだりする。数字や形を言葉と結びつけることは学習の基礎である。

作り方

材料　①ホワイトボード（A4）　1枚
　　　　②マグネットシート（白）　1枚
道具　①はさみまたはカッター
　　　　②油性ペン

ポイント・コツ　check!

形、数字の他に、色でも同様に行える。

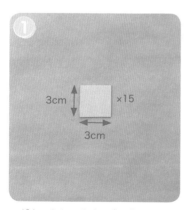

マグネットシートを四角に切る。

切り取ったマグネットシートに数字や形を描く。

マグネットシートに色を塗ると、色と言葉の一致を図る教材も作れる。

使い方

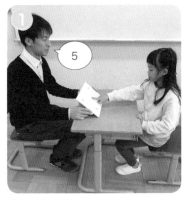

数字のマグネットシートをランダムに貼る。子どもは、教師に指示されたシートをタッチする。

2種類のマグネットシート（数字と形、または数字と色など）を貼る。子どもは、指示されたシートをタッチする。

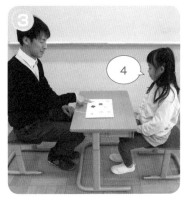

子どもが位置を決めてマグネットシートを貼る。子どもが指示を出し、教師がシートをタッチする。

ポイント・コツ
check!

それぞれのシートをタッチした後は、「いち（1）」や「三角」などと発語するとよい。

子どもの反応

　Y君は、数字や形の名前を言うことができたが、言葉と実物が一致していなかった。4以上の数字になると、数字と言葉が一致せず、曖昧だった。形は、「三角」と「四角」を反対に覚えていた。

　また、目の使い方にも課題があった。ものを注目し続けたり、動くものを目で追ったりすることが苦手であった。瞬時に視線を移動することも難しかった。そのため、集中して課題に取り組むことや、見て真似をすることなどにも課題があった。

　そこで取り入れたのが、「タッチゲーム」である。数字や形を機械的に覚えさせるのではなく、体を動かしていく中で、楽しみながら覚えられる工夫をした。最初は、種類を限定し、マグネットシートの枚数を少なくして始めた。視線の移動もなるべく減らせるよう、シート同士を近くにまとめて貼った。

　できるようになったら、マグネットシートを増やしたり、シート同士の距離を離したりした。このようにスモールステップで進めるうち、指示されたシートを見つけることも早くなり、視線の移動もスムーズになった。「タッチゲーム」の利点は、以下の2つである。

❶ 楽しみながら数字（形、色）と言葉を一致できる。

❷ 視線の移動がスムーズになる。

　「タッチゲーム」は、朝の会でもビジョントレーニング（目の使い方のトレーニング）として導入した。黒板にマグネットシートを貼ることで、より広範囲に視線を動かすことができる。また、友達と競争や協力をしながら取り組むことで、かかわりも促すことができる。人間関係の形成を促す教材でもある。

14 スプーンとフォーク合わせ

ねらい：形の違いがわかり、弁別することができる。

「スプーンとフォーク合わせ」は、カラーボードで枠を作り、スプーンとフォークを弁別する教材である。型にはめることで、触覚的に形の違いを意識することができる。

課題

　形の違いがわからない子がいる。そのため、日常生活の中でも用具などを間違えてしまう。例えば、給食時に使用するスプーンとフォークである。配膳する際に区別ができず、間違って渡してしまい、トラブルとなる。形の違いに気づかせる指導が必要である。

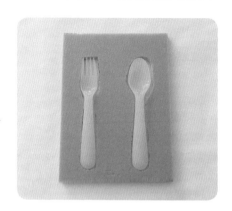

作り方

材料　①カラーボード
　　　　②スプーン　1つ
　　　　③フォーク　1つ

道具　①はさみまたはカッター
　　　　②両面テープまたはボンド

ポイント・コツ

check!

スプーンやフォークは普段使っているものを使用するとよい。

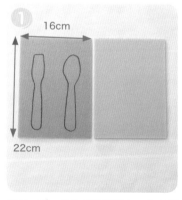

① カラーボードを2枚用意し、1つにスプーンとフォークの型を描く。

16cm
22cm

② スプーンとフォークの型を切り取る。

③ もう一方のカラーボードを貼り合わせる。

使い方

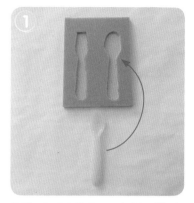

① スプーンまたはフォークのいずれか1つを提示する。子どもは型に入れる。

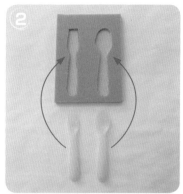

② スプーン、フォークを型と同じ配置で提示する。子どもは型に入れる。

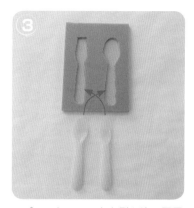

③ スプーンとフォークを型と違う配置で提示する。子どもは型に入れる。

ポイント・コツ

check!

できるようになったら、紙にスプーンとフォークの形を描いただけの型を使うとよい。触覚を使わずに見て判断して、弁別できるようになる。

子どもの反応

M君は、ものの特徴を細部まで見て判断することが難しかった。それが日常生活でも見られた。例えば、給食の時間である。スプーンとフォークを配膳するとき、先の形の違いを判断できず、同じものを配ってしまうことがあった。1種類ずつ配ることはできるが、2種類が混ざっている中でも弁別して配れると作業効率は上がる。この力は、将来様々な作業をする際にも必要な力である。環境を整えることと同時に、M君自身にも弁別する力をつけさせたいと考えた。そこで、スプーンとフォークに特化した弁別学習を行った。

最初は、紙にスプーンとフォークの型を描き、弁別を促した。しかし、先の形の違いを意識できず、反対に入れてしまうことが多々あった。本人は間違いに気づいていない様子だった。

そこで、木材で型を作って提示した。間違えて反対に入れてしまいそうになるが、型が合わないので間違いに気づく。M君も入らないことがわかると、修正してもう一方の型に入れる。スプーンやフォークが型にはまると、満足気な表情をしていた。

「スプーンとフォーク合わせ」の利点は、以下の2つである。

❶ 触覚的なフィードバックにより、正解がわかる。

❷ 実物を使うことで、日常生活につながりやすい。

型を抜いた教材で弁別できるようになったので、もう一度紙の型でも行った。すると、スプーンとフォークの先の違いを認識し、間違えずに弁別できるようになっていた。給食時も、先の違いを見て判断し、スプーンやフォークを配るようになった。

15 形合わせパズル

ねらい：形にピースを合わせることができる。

「形合わせパズル」は、カラーボードを切り取って、形に合わせるパズル教材である。
パズルのピースを回転させたり、向きを変えたりしながら取り組む中で、空間認知力を
高めていく。

課題

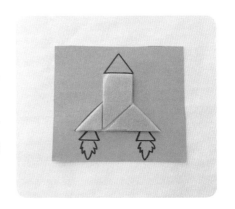

　文字の形が整わなかったり、形を見分けることができな
かったりする子どもがいる。1つの原因として、視知覚の
困難さが考えられる。空間認知といわれるように、空間を
把握する力が弱いと、向きや方向を間違えてしまう。生活
の中で具体物を触ったり動かしたりして、空間認知の発達
を促すことが大切である。

作り方

材料　①カラーボード
　　　　②工作紙
道具　①はさみまたはカッター
　　　　②油性ペン

ポイント・コツ

check!

切り取る形（ピース）を変えて、難易度を調整する。

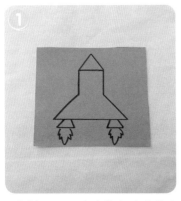

工作紙にイラストを描く。切り抜く
部分を想定しながら描くとよい。

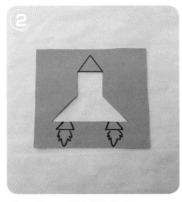

イラストの一部を切り抜く。

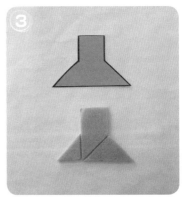

【ピース】❷の形に合うようにカラー
ボードを切り、それを3つの形に分
ける。

使い方

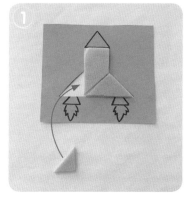

3つのピースのうち2つを、工作紙のイラストの形に合わせた状態で、残りの1つを提示する。子どもは形に合わせる。

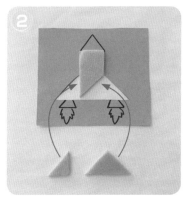

イラストの形に合わせるピースを1つに減らし、残り2つを提示する。子どもは形に合わせる。

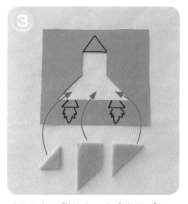

イラストの形に1つも合わせずに、3つのピースを提示する。子どもは形に合わせる。

ポイント・コツ

check!

できるようになったら、ピースを提示するときに上下逆や裏返しにするなどして、難易度を調整する。

子どもの反応

Y君は、絵を描いたり、図形を認識したりするのが難しかった。丸や四角などの図形を描くと、角が丸まってしまったり、枠からはみ出して描いたりすることが多かった。正確に模写することが苦手だった。

絵を描いたり、文字を書いたりするためには「見る力」や「操作する力」が必須である。まず、図形を認識できるようにするため、「形合わせパズル」に取り組むことにした。

Y君は、これまでの学習で、全て切り口の形が異なる3分割のパズルはできるようになっていた。しかし、これは切り口の形が合うようになっているため、手がかりがある。見て試行錯誤しなくても、触覚的に正解を導き出すことができる。次段階として、より見ることを意識し、操作する力も高めたいと考えた。

そこで、まず「形合わせパズル」を使って、形（工作紙）とピースを提示し、見本を示した。

Y君は食い入るように見ていた。次に、ピースを合わせた状態から1つのピースをはずし、提示した。Y君はすぐにやり方を理解し、あいた形にピースを合わせることができた。徐々に提示するピースを増やし、最終的に形に何もない状態で、3つのピースを提示した。試行錯誤しながら向きや方向を考え、取り組むY君の姿があった。

「形合わせパズル」の利点は、以下の2つである。

❶ 形に合わせることで、正解が触覚的にわかる。

❷ 試行錯誤しながら、何度も取り組むことができる。

「形合わせパズル」と並行して、図形を描く模写にも取り組んだ。見る力や操作する力がついたY君は、丸、四角、三角の模写が正確にできるようになった。さらに、靴の左右を間違えずに履けるなど、日常生活でも変化が見られるようになった。

形の理解が苦手　分類が苦手

16 分類挿し

ねらい：形を見比べて、用途に応じた分類ができる。

所要時間
10分
効果
★★★

「分類挿し」は、発泡スチロールブロックに、イラストを貼りつけた爪楊枝を挿し、用途によって分類する教材である。形を見比べ、カテゴリーを意識したまとまりで分類する。

課題

ものの性質やカテゴリーがわからず、分類ができない子がいる。例えば、「りんご」という言葉は知っているが、りんごは果物であり、スーパーなどで売っていることは知らないなどである。そのような子には、まずは形を見比べて、分類することから始めていく。

作り方

材料
①発泡スチロールブロック　2個
②爪楊枝　10本
③もののイラストを印刷した紙
　（トマト、キャベツ等の野菜）
④もののカテゴリーのイラストを印刷した紙
　（八百屋さんの絵など）
⑤工作紙

道具
①はさみまたはカッター
②セロハンテープ
③油性ペン
④のりまたは両面テープ

ポイント・コツ check!

カテゴリーは、子どもの興味に応じて、「動物」「食べ物」「乗り物」などを用意する。

① 表　裏

発泡スチロールブロックに、カテゴリーのイラストを貼る。（工作紙に貼りつけたり、ラミネート加工したりしておくと扱いやすくなる。）

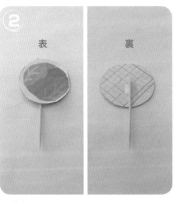

② 表　裏

工作紙にもののイラストを貼り、爪楊枝に貼りつける。

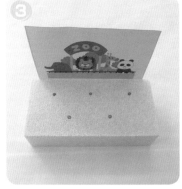

③

①のブロックに②の爪楊枝を挿して、穴をあける。（穴に油性ペンで色をつけるとよい。）

使い方

教師が見本を示す。爪楊枝のイラストを確認し、正しいカテゴリーのブロックに挿す。

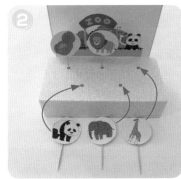

はじめは1種類のカテゴリーで行う。子どもは、関連するイラストを貼った爪楊枝をブロックに挿す。

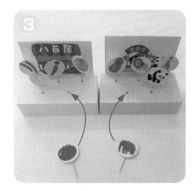

2種類のカテゴリーで行う。2つのブロックを提示する。子どもは、爪楊枝のイラストを見分けて、ブロックに挿して分類していく。

ポイント・コツ　**check!**

①最初は1つのカテゴリーで行い、徐々にカテゴリーを増やしていくとよい。
②爪楊枝を挿した後、イラストの名前を言うようにする。

子どもの反応

　Y君は、ものの名前とイラスト(意味)は一致できることが多かった。例えば、象のイラストを見て、「ぞう」と答えることができた。しかし、象は動物であり、動物園にいるということの理解は難しかった。ものの性質やカテゴリーまで理解できると、情報や考えが伝えられ、コミュニケーションの質も高まる。そこで、イラストを見比べながら、カテゴリーごとに分類する学習に取り組んだ。

　Y君は穴に興味があり、生活の中で穴を見つけると、のぞきこんだり指を入れたりする。つまり、穴が好きなのである。それを活用した教材が「分類挿し」である。

　Y君に穴をあけた発泡スチロールブロックを見せると、早速興味をもち、穴を触る仕草が見られた。すかさず、イラスト付き爪楊枝を提示し、「キリン」と言いながら手渡した。教師が何も指示しなくても、Y君は自ら穴にイラスト付き爪楊枝を挿した。

　動物のイラスト付き爪楊枝を全て挿し終

わった後は、全部が動物であることを確認し、動物のカテゴリーを終えた。次に、食べ物のカテゴリーも同様に行った。そして、最後に2つのカテゴリーを同時に行った。イラスト付き爪楊枝には、動物と食べ物が混じっている。Y君は、イラストを見比べ、グループを考えて分類しなければならない。

　最初は見比べずに、穴に入れてしまうことが多かった。しかし、カテゴリーのイラストに注目させ、ひとつひとつ確認しながら進めることで、次第にカテゴリーに合ったイラスト付き爪楊枝を挿せるようになった。
「分類挿し」の利点は、以下の2つである。

❶ 分類したことが立体的かつ視覚的にわかる。

❷ 爪楊枝をつまむことで手指の巧緻性を高めることができる。

「穴」というY君の興味を生かした教材を作成することで、毎回の授業で座って取り組む時間が長くなった。子どもの興味を生かす視点も大切である。

コラム1 すぐにできる指導法！

数の理解が苦手　順序がわからない

トランプ並べ

ねらい：順序や量を理解することができる。

課題

　数の順番や量がわからない子がいる。そのような子には、遊びの中で数を体感させることが有効である。トランプを使えば、遊びながら数の順序を学ぶことができる。

材料

- ①市販のトランプ
  （1〜6まで
  4種類で24枚）
- ②白いシール

道具

- ペン

作り方

1. Aが1と同じであることの理解が難しい場合は、Aの上にシールを貼り、1と書く。
2. 必要に応じて、トランプを並べる枠を作ってもよい。

使い方

1. 1から6までのトランプ（それぞれ4種類のマーク）24枚をまとめて裏返しておく。
2. 1枚ずつめくり、1から順にマークがそろうように並べる。

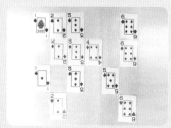

数の理解が苦手　5の合成・分解がわからない

はてなボックス

ねらい：5の合成・分解ができる。

課題

　5の数の合成・分解は計算の基礎となる。目で見るだけでなく、実際に触りながら数を合わせたり分けたりして学ぶ。頭で考えながら手で操作をする、体感を伴う学習が大切である。

材料

- ①ティッシュペーパーの空箱
- ②ブロック　5個
- ③ホワイトボード（A4）
  1枚

道具

- ホワイトボード用のペン

作り方

1. ホワイトボードに写真のような枠や数字を書く。
2. ティッシュの空箱は色紙等を貼り、装飾してもよい。

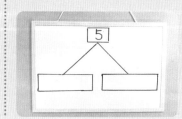

使い方

1. 箱の中に、ブロックを5個入れる。
2. 教師が指示した数だけブロックを取り出し、片方の枠に並べる。
3. 合わせて5になるように、箱からブロックを取り出し、もう片方の枠に並べる。

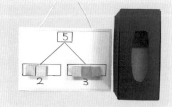

鉛筆を正しく持てない

持ち方補助具

ねらい：正しく筆記具を持つことができる。

課題

　鉛筆やペンをうまく持てない子がいる。どう持てばいいのか、持ち方がわからないのだ。洗濯ばさみやダブルクリップを使うだけで、自然と持ち方が身につくようになる。

材料

　①鉛筆
　②洗濯ばさみ
　　またはダブルクリップ

道具

　なし

作り方

1 鉛筆を持つ部分に洗濯ばさみやダブルクリップを付ける。

使い方

1 写真のように、人差し指を入れて持ち、字を書く。正しく持てるようになってきたら、ときどき外しながら最終的に外すようにする。

 子どもの反応

　Y君は、過去の経験からか、字を書くことに抵抗感があった。鉛筆を持つことを嫌がり、ときには投げてしまうこともあった。

　そのため、まずは鉛筆ではなく、ホワイトボードペンなど、先が太くて柔らかい筆記具を使うことにした。ホワイトボードを用意すると、つるつるの面が心地よいのか、自らホワイトボードペンを握って、丸や線をいくつも書く。Y君はペンを握るように持っているため、力を強く入れすぎてしまう傾向があった。力を入れすぎて、ペン先が潰れてしまうこともあった。

　次の課題として、力を調節して書くことに取り組んだ。その際に使用したのが、「持ち方補助具」である。Y君は、一時期洗濯ばさみにこだわりをもっていることがあった。いろいろなところに洗濯ばさみを挟んで楽しんでいた。そこで、私はペンにも洗濯ばさみを挟んで提示した。人差し指を洗濯ばさみの背の部分に乗せて、持ち方の見本を見せた。

　Y君は、最初は洗濯ばさみを取ったり付けたりしていたが、やがて、私と同じように人差し指を洗濯ばさみの背の部分に乗せて持った。

　そして、その持ち方で線や丸を書いた。今までよりも動きがゆっくりになった。力を入れすぎることも少なくなり、動きがコントロールできるようになった。教師が書いた図形と同じものを書く模写にも取り組んだ。繰り返し取り組むことで、私が書いた縦線や横線、丸などをよく見て、真似して書けるようになった。

　筆記具を小さな細いペンに変えたり、鉛筆にしたりして徐々に変化をつけていった。そして、持ち方が慣れたところで鉛筆から洗濯ばさみを外した。すると、握らずに正しい持ち方で持てるようになっていた。

　「持ち方補助具」の利点は、以下の点である。

自然と筆記具の持ち方が身につく。

　洗濯ばさみでなく、ダブルクリップでも同じような効果が得られる。持ち方を矯正するのではなく、自然と正しい持ち方ができるように、さりげなく支援していくことが大切である。

17 S字フック掛け

所要時間 5分
効果 ★★★

ねらい：ものをつまみながら、向きや方向を調整する動きができる。

「S字フック掛け」は、カラーボードの穴にS字フックを引っ掛けていく活動である。穴に引っ掛けるためには、S字フックをつまみながら、指先や手首の動きを調整する必要がある。

課題

ものを操作することが苦手な子がいる。手先の不器用さが関係していることが多い。特に、つまむ動きは指先に集中しなければならないため、苦手な子が多い。様々なものをつまむ課題を通して、指先の巧緻性を高めていくことが大切である。

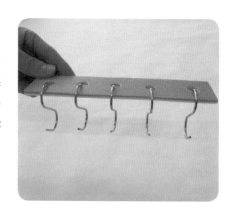

作り方

材料 ①カラーボード
②S字フック　5個

道具 ①はさみまたはカッター

ポイント・コツ　check!

穴をあけるときは、はさみを使うとよい。

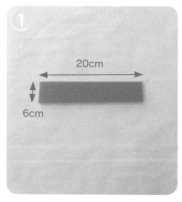
① カラーボードを写真のように切る。
20cm / 6cm

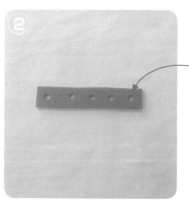
② 写真のように5つ穴をあける。

はさみを回転させると穴をあけることができる。

使い方

教師が「S字フック掛け」を水平に持ち、子どもはS字フックを引っ掛ける。5つ全部掛けていく。

教師が「S字フック掛け」を縦に持ち、子どもはS字フックの向きを調整しながら引っ掛ける。5つ全部掛けていく。

子どもが「S字フック掛け」を片手で持ち、もう一方の手でS字フックを引っ掛ける。5つ全部掛けていく。

ポイント・コツ

check!

① S字フックを引っ掛けた後、さらにハンガーなどを引っ掛けてもよい。日常生活の中でも、S字フックを使ってものを掛ける動作を促す。

② 引っ掛けることが難しい場合は、フックをつまんで取ることから始めるとよい。

子どもの反応

　日常生活の中で、指先を使う動作が必要になる場面は多い。例えば、カバンや服のファスナーをつまんだり、ひもやストローなどの細いものをつまんだりする動作である。指先が思うように動かせない場合、このつまむような細かな動きができない。

　J君も指先を使う細かな動きが苦手だった。ビー玉のような小さなものでも、指先を使わずに握るように持つ。そのため、スムーズにものを動かすことができなかった。指先に意識を向け、つまむような細かな動きも身につけることで、生活がしやすくなると考えた。

　指先を使うような微細運動ができるようになるためには、まず体全体を使う粗大運動から始める必要がある。そこで、平均台や跳び箱を使った体全体を動かす運動を始めた。並行して、指先を使う課題にも少しずつ取り組んだ。

　その1つが「S字フック掛け」である。S字フックを掛けるためには、S字フックの持ち方を考え、位置や方向を意識する必要がある。

　最初、J君にS字フックを渡すと、握るように持っていた。そのため、うまく穴に引っ掛けることができなかった。そこで、まずは引っ掛けてあるS字フックをつまんで取るところから始めた。徐々につまめるようになってきたら、穴に引っ掛ける動作に取り組んだ。私が穴の向きを変えても、つまんだS字フックの先を穴に向けて引っ掛けることができるようになった。

　「S字フック掛け」の利点は、以下の2つである。

❶ つまみながら、位置や方向を試行錯誤できる。

❷ 日常生活で同じ動きができる。

　つまんだり引っ掛けたりする動きは、日常生活でも応用できる。学習が生活に生きると、子どもが褒められる機会も増えていく。

所要時間
10分
効果
★★☆

18 お金弁別箱

ねらい：硬貨を弁別し、つまんで入れることができる。

「お金弁別箱」は、タッパーに硬貨が入る切り込みを入れたものである。タッパーに貼った硬貨を見て、同じ硬貨を入れる。お金の質感や量を感じながら、実感を伴う学習を行う。硬貨をつまむことで、日常生活にも応用できる手指の巧緻性を高めることができる。

課題

指先の細かい動きや力の調節が不得意な子がいる。そのために硬貨をうまくつまむことができない。一方、現金の実感が乏しい子がいる。お金は日常生活につながる大切な学習である。最近は、現金を使わず、カードやスマートフォンによるキャッシュレス決済が主流であるが、それらは、お金の意味と価値がわかるからこそ、使える方法である。子どもには、お金を払う様々な方法を理解させるとともに、現金を扱う実感をもたせることが大切である。

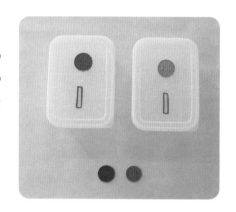

作り方

材料 ①タッパー　2個
　　　　②硬貨（2種類）

道具 ①はさみまたはカッター
　　　　②油性ペン
　　　　③両面テープ

ポイント・コツ　check!

切り込み部分に色を塗るのは、子どもに注目させるためである。

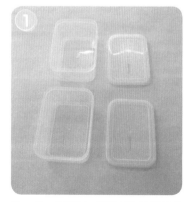

①タッパーの蓋に、硬貨が入る切り込みを入れる。それぞれの硬貨が入る最小の大きさにする。

②タッパーの切り込み部分に色を塗る。

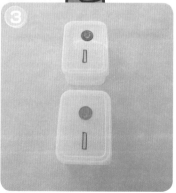

③タッパーの切り込み部分の上に、硬貨を貼る。

使い方

タッパーと硬貨を、1種類子どもに提示する。子どもは、硬貨を穴に入れる。

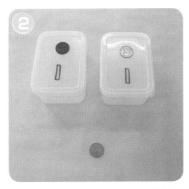

タッパーを2種類、硬貨を1種類、子どもに提示する。子どもは、タッパーを選択して入れる。

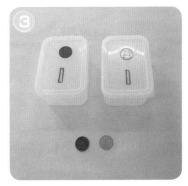

タッパーと硬貨を、2種類ずつ提示する。子どもは、タッパーを選択して入れる。

ポイント・コツ　check!

① 提示する硬貨を複数枚用意することで、つまんで入れる動作を繰り返して定着させる。自動販売機や貯金箱などでも行い、実際の生活と結びつけられるとよい。

② タッパーを立てたり、向きを変えたりして、硬貨の向きを変えて入れる動作を引き出す工夫も大切である。

子どもの反応

　自動販売機にお金を入れることが難しい子がいる。お金を先でつまんで入れる動作ができないのである。つまんで入れるためには、指先の細かい動きと力の調節が必要である。日常生活でも、つまむ動きは多々ある。だからこそ、授業の中でも手指の巧緻性を高める指導を合わせて行いたい。

　特別支援学校の授業で、自動販売機でジュースを買う活動があった。M君は、必要なお金を財布から取り出し、投入口に入れる際、硬貨をつまんで取り出すことができなかった。握ってしまっていたのである。教師の支援により、硬貨を投入することはできたが、1人でできるようになるとよい。

　最近の自動販売機は、キャッシュレス決済に対応しているものもあるが、まだ硬貨で購入することが多い。お金の実感をもたせるためには、硬貨を実際に使う場面も必要である。

　教室の中で、硬貨を扱う学習をするために、「お金弁別箱」を作成した。見本となる硬貨を見て、同じ硬貨をつまんで入れる活動である。M君は、「ものを穴に入れる」ことが好きな子だった。だから、楽しみながら取り組んでいくうちに、自然とつまむ動作や見比べて弁別することができるようになった。ときには、「お金弁別箱」を平らに置くのではなく、立てたり、向きを変えたりして提示した。実際の自動販売機を想定しての活動である。M君は、どの向きでも入れられるようになった。「お金弁別箱」の利点は、以下の点である。

　お金の実感を伴いながら、手指の巧緻性を高めることができる。

　教室でできるようになったことが、外の生活でも生かせることが本当の学習の成果である。特に、お金は日常生活と密接に関連している。生活の質の向上のために、日常生活を意識した取り組みが必要である。

19 紙やすり下敷き

ねらい：力を入れて文字を書くことができる。

「紙やすり下敷き」は、クリアファイルに紙やすりを貼りつけたものである。ざらざらした質感のため、書いたときに、触覚のフィードバックを得ることができる。

課題

　筆圧や握力が弱いために、字形が整わなかったり、薄い字になってしまったりする子がいる。手に伝わる感覚が弱いため、しっかりした筆圧の濃い字を書くことが難しいのである。手先の巧緻性や握力を高める活動を行うとともに、筆記具等を配慮することが大切である。

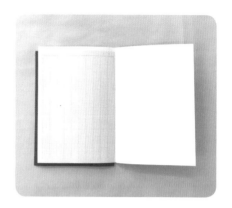

作り方

材料　①クリアファイル　1枚
　　　②紙やすり　1枚
道具　①両面テープ
　　　②はさみまたはカッター

ポイント・コツ　check!

紙やすりには粗さで種類がある。今回は、＃240を使用した。子どもに応じて粗さを調節するとよい。紙やすりの目が粗すぎると、文字がでこぼこして書きづらくなる場合があるので注意する。

＃240

＃60

紙やすりをクリアファイルの大きさに合わせて切る。

両面テープでクリアファイルに紙やすりを貼る。

使い方

「紙やすり下敷き」の上で、指で文字を書く。

ノートに「紙やすり下敷き」を挟み、指で文字を書く。

ノートに「紙やすり下敷き」を挟み、鉛筆で文字を書く。

ポイント・コツ check!

ざらざらした感覚を指先で感じられるかがポイント。ざらざらした感覚を嫌がる子には、耐水性の紙やすりが比較的滑らかでよい。

子どもの反応

S君は、文字に興味をもちはじめたころ、鉛筆を持って様々な線を書くことがあった。しかし、筆圧が弱く、薄い線になっている。枠の意識もなく、はみ出しながら線を書いていた。そこで、鉛筆以外の筆記具（ホワイトボード用のペン）などで書いたり、握力をつけるために指先の運動を行ったりした。

しかし、ノートに鉛筆で書く線は変わらず薄かった。筆圧や握力が弱い子は、指先で得られる感覚が弱いために、薄くなってしまうことがある。何とか指先で書いている感覚を得られる方法がほしい。そこで、作成したのが「紙やすり下敷き」である。

これまでS君は下敷きを使用したことがなかった。まずは、慣れてもらうために指で直接紙やすりに触って線を書いたり、ノートに挟んで指でなぞってみたりした。

慣れてきたところで、紙やすり下敷きを挟んだノートに鉛筆で線を書いた。最初は紙やすりの目が粗く、でこぼこしてしまい、書きにくそうだった。粗さを調節することで、次第に力を入れて書けるようになっていった。書いている感じが指先に伝わることが面白いのか、何度も線を書く様子が見られた。

「紙やすり下敷き」の利点は、以下の2つである。

❶ 触覚のフィードバックを得られる。

❷ 子どもに合わせて調節可能である。

書きたい気持ちはあっても、うまく書けないとやる気がなくなってしまう。子どもに力をつけさせていくことはもちろんだが、教材を工夫することで解決できることも多い。教師は、子どものつまずきに対して、必要な支援ができる引き出しをいくつももっていることが大切である。

(3) 動き

20 ふーふーゲーム

ねらい：息を調節して吹いたり、吹き続けたりすることができる。

「ふーふーゲーム」は、カラーボードに穴をあけて、枠を貼りつけた教材である。息を吹き、ピンポン球を動かして穴に入れる。息を調節して吹くことや吹き続けることを、楽しみながら身につけることができる。

課題

　発語が難しい子どもの中には、息を調節して吹いたり、吹き続けたりすることが難しい子がいる。そのため、なかなか発語につながらない。意味のある言葉を発するためには、口形を真似できることや、息を調節して吹けることが大切である。

作り方

材料　①カラーボード
　　　　②ピンポン球

道具　①はさみまたはカッター
　　　　②両面テープまたはボンド

ポイント・コツ　check!

穴の大きさや数を調整することで難易度を変えることができる。

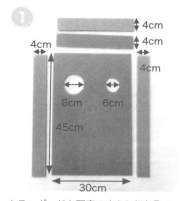

❶
4cm
4cm
4cm
4cm
8cm　6cm
45cm
30cm

カラーボードを写真のように切り取る。カラーボードに穴をあける。

❷

❶で切り取ったものを貼り、枠を作る。

❸
裏

裏にもカラーボードを貼る。

使い方

息を吹く回数を限定せず、自由に吹いてピンポン球を穴に入れる。

息を吹く回数を限定し（1～2回）、長く吹き続けてピンポン球を穴に入れる。

指定する穴へ入れるよう指示する。子どもは息を吹く強さや吹く方向を調節して、ピンポン球を穴に入れる。

ポイント・コツ

check!

吹くときにストローを使うと、口をすぼめることや吹く方向を意識させることができる。

子どもの反応

意味のある発語を行うことが難しい子がいる。障害により機能的に難しい場合もあるが、息の調節に焦点を当てて指導することで、発語を促すきっかけを作ることもできる。

S君は、人とコミュニケーションをとりたい気持ちはあるが、意味のある言葉を発することが難しかった。そのため、自分の思いが伝わらずにイライラすることもしばしばあった。まずは、声を出せるようになることをねらい、息を吹く活動に焦点を当てて指導することにした。

息を吹く活動は様々あるが、訓練のようになってしまっては子どものモチベーションが下がる。自ら息を吹きたくなる楽しい活動を行いたい。そこで、作成したのが「ふーふーゲーム」である。

まずは、大きい穴が1つだけの教材を作り、何度も息を吹いて入れることにした。

私が見本を見せると、S君はすぐにやり方がわかって、取り組むことができた。最初は吹き続けることが難しかったが、「穴に入れたい」という思いがあり、継続して取り組めた。

穴に入れられるようになってきたところで、穴の数を2つに増やした。しかも難易度をつけるために、片方の穴は小さめにした。私が小さい穴に入れるように指示をすると、S君は自分で息を吹く方向を考えて吹いた。吹く回数を1回に限定すると、勢いよく息を吹き続けることができるようになった。

「ふーふーゲーム」の利点は、以下の2つである。

❶ 楽しみながら、息を吹いたり、吹き続けたりすることができる。

❷ 穴に入れることで、見通しや達成感を得ることができる。

「ふーふーゲーム」を通して、S君は息の調節ができるようになった。日常生活でも誕生日のケーキのろうそくを消すことができるなど、変化が見られている。

21 ストロー吹き矢

ねらい：口をすぼめて、勢いよく息を吹くことができる。

所要時間
5分
効果
★★★

「ストロー吹き矢」は、ストローの中に綿棒を入れ、勢いよく息を吹いて的に当てる活動である。口をすぼめて、勢いよく息を吹く動作を促す。

課題

　発達障害のある子は、口をすぼめることが苦手なことが多い。発語のためには、口を動かして息を吹くことが必要である。そのために、口をすぼめたり、勢いよく息を吹いたりできなければならない。訓練ではなく、子どもにとって楽しい活動を行い、モチベーションを高めていくことが大切である。

作り方

材料　①曲がるストロー　１本
　　　　②綿棒　３本程度
　　　　③画用紙　１〜２枚
道具　①はさみまたはカッター
　　　　②ペン
　　　　③のりまたは両面テープ

ポイント・コツ　**check!**

綿棒がちょうど入る太さのストローがよい。

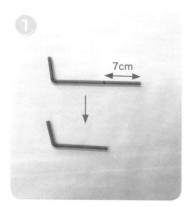

① ストローの曲がっていない部分を切る。

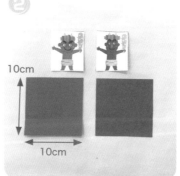

② 画用紙を切り、イラストを描く。（または、印刷したイラストを貼る。）

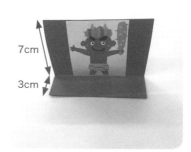

③ ❷を折って立てて、的にする。

使い方

ストローに綿棒を入れて、吹いて出す練習をする。

的を机の上に離して置く。（距離の目安は３０cmほどがよい。）的に向かってストローを吹き、的を倒す。

距離をのばして同様に行う。

ポイント・コツ

check!

① 片方の手でストローを水平になるように支えると、綿棒が落ちず、方向も定まりやすい。

② できるようになったら、ストローを切らずに長いまま行ってもよい。

子どもの反応

S君は、息を吹くのが苦手だった。教師が横で「ふー」と言いながら見本を見せても、口をすぼめて息を出すことが難しかった。そのため、誕生日のケーキのろうそくを消すのも一苦労だった。シャボン玉も膨らませることができなかった。頭ではわかっていて、やろうとするのだが、息が続かない。

そこで、まずは口をすぼめる練習から始めた。給食でストローを使いはじめた時期だったので、ストローを使って楽しく活動できる「ストロー吹き矢」に取り組んだ。

給食のストローは「吸う」のに対し、「ストロー吹き矢」は「吹く」動作が求められる。最初は、ストローをくわえても息を出すことができず苦戦していた。そこで、ストローの長さを短くし、少し息を吹けば綿棒が飛び出るようにした。すると、次第にコツをつかみ、息を吹けるようになった。

徐々にストローの長さを長くして、吹く息を強くするように促した。的は、S君の好きなキャラクターのイラストにしたので、興味をもって取り組めた。また、「的を全て倒したら終わり」というルールにしたことで、見通しをもって取り組む様子も見られた。

「ストロー吹き矢」の利点は、以下の2つである。

❶ 綿棒が飛び出ることで、息の流れが視覚的にわかる。

❷ ストローを使うことで、口をすぼめる動作を促すことができる。

この活動は授業中に行っていたが、面白かったようで、休み時間にも自主的に取り組んでいた。自らやりたくなる活動であれば、習得するのも早い。

息を吹く楽しさを感じたS君は、シャボン玉を膨らませることにも挑戦するようになった。

22 指上げ

所要時間
10分
効果
★★★

ねらい：指を1本1本区別して動かすことができる。

「指上げ」は、カラーボードを手形に切り取って貼り合わせ、シールを付けた教材である。子どもは、型に合わせて手を置く。教師の指示に合わせて指を上げることで、指の分化を促す。

課題

ものをつまんだり、握ったりすることがぎこちない子がいる。指先を使った活動が苦手で、折り紙を折ることや、はさみで紙を切ることに時間がかかってしまう。この不器用さを改善するために、まずは指を1本1本動かす（分化させる）ことが必要である。

作り方

材料 ①カラーボード
②いろいろな色の丸シール
　5色
道具 ①はさみまたはカッター
②両面テープまたはボンド

ポイント・コツ check!

利き手から始めると取り組みやすいので、まず手形は利き手で作る。

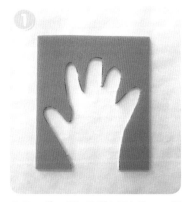

①
カラーボードに手形を写し取って切り取る。

②
①と、もう1つのカラーボードを貼り合わせる。

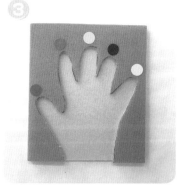

③
指先にシールを貼る。

使い方

型に手を置き、色と指を確認する。

教師が色を指示し、子どもはその指だけを上げる。(はじめは親指側から順に指示し、慣れてきたらランダムに行うとよい。)

目隠しをして(または目をつぶって)、❷と同様に行う。(視覚に頼らずに指を動かす。)

ポイント・コツ　check!

色が難しかったら、子どもの好きなキャラクターシールを用いてもよい。また、自分の指(爪)に直接シールを貼ってもわかりやすくなる。

子どもの反応

　K君は、手先が不器用で、折り紙の端と端を合わせて折ることが難しかった。そのため、うまくできないとイライラしたり、最初から無理だと判断した活動には取り組まなかったりした。箸や鉛筆の持ち方も独特で、鉛筆は握るように持っていた。当然、整った字を書くことは難しかった。指先の巧緻性を高める活動は様々ある。まずはやりたくなるような教材を作成し、取り組ませることにした。その1つが「指上げ」である。

　「指上げ」は、手形を切り抜いて作成している。そのため、自然と手を置きたくなる。予想どおり、K君も「指上げ」に興味を示し、何も指示しなくても手を置いていた。まず、色を確認し、指と対応させることから始めた。

　そして、教師が色を指示し、K君が対応した指を上げる活動を行った。親指、人差し指、小指は、正確に上げることができた。しかし、薬指、中指では、違う指が上がってしまうこともあった。K君自身も驚いているようであった。教師が指を触りながら支援し、何度か行うことで、それぞれの指を意識できるようになった。

　「指上げ」の利点は、以下の2つである。

❶ 自然と手を置きたくなる設計である。

❷ 手形があることで、動きを固定できる。

　「指上げ」は長時間行うと疲れてしまったり、飽きてしまったりする。そこで、並行して、指先に力を入れたり、つまんだりする活動も行った。指先を意識できることで、日常生活でも、箸や鉛筆の持ち方に変化が見られるようになった。

(3) 動き

51

23 お手玉タッチ

ねらい：①お手玉の動きを目で追うことができる。
②目と手を協応させることができる。

「お手玉タッチ」は、クリップをつけたゴム紐に、お手玉を挟んだ教材である。子どもが、揺れるお手玉にいろいろな体の部位でタッチすることで、目と手（体）の協応を図る。

課題

　動きがぎこちない子がいる。その１つの要因として、視機能に課題があるかもしれない。視力に問題がなくても、対象を見て、手や体を動かすことが苦手な子もいる。そのような子どもたちは、目と手（体）を協応させるビジョントレーニング（目を動かすことや見る力を高めるためのトレーニング）が有効である。

作り方

材料　①ゴム紐
　　　　②ダブルクリップ　１つ
　　　　③お手玉　１つ
道具　①はさみまたはカッター

ポイント・コツ　check!

お手玉の代わりに風船を使っても、動きが変わって面白くなる。

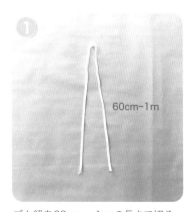
ゴム紐を60cm～１mの長さで切る。教師がぶら下げて持ったとき、子どもの腰の高さになるぐらいがよい。

ゴム紐の端にダブルクリップを縛って付ける。

ダブルクリップにお手玉を挟む。

使い方

教師がゴム紐を持ち、上下左右に動かす。子どもは、お手玉の動きを目で追う。

教師がゴム紐を持ち、上下左右に動かす。子どもは、お手玉の動きを見て、指先でタッチする。（10回程度）

利き手ではないほうの指先、肘、膝、つま先など、体の様々な部位でタッチする。左右交互で行うとよい。

動画で確認！

ポイント・コツ

check!

難しい場合は、ゴム紐なしで、教師が持ったお手玉をタッチするとよい。

子どもの反応

　A君は、体のぎこちなさが目立つ子だった。段差のないところでつまずいたり、歩いていて机や椅子にぶつかったりすることもしばしばあった。ボディーイメージといわれる体への意識が弱いことも関連しているが、見え方にも特徴があると感じていた。目でものを追うこと、瞬時に目を動かしてものを捉えることなどに課題が見られた。

　体を上手に動かすためには、目で見て、体の部位を意図的に動かす「目と手の協応」が大切である。そこで、目を動かすことや見る力を高めるビジョントレーニングの1つとして「お手玉タッチ」を取り入れた。

　まず、お手玉をA君の目の前で左右に揺らし、目で追うことから始めた。次に、揺れているお手玉を人差し指でタッチするように促した。しかし、目で追いながらタッチすることは難しい様子だった。そこで、難易度を下

げ、止まっているお手玉をタッチすることにした。できるようになったら、少しずつお手玉を揺らして、難易度を上げていく。徐々に、目でお手玉を追いながらタッチできるようになった。

　左右の人差し指で交互にタッチする活動や、肘、膝、つま先など、体の様々な部位でタッチする活動も取り入れた。うまくできないこともあったが、回数を限定して無理なく行うようにした。楽しみながら取り組むA君の姿があった。

　「お手玉タッチ」の利点は、以下の点である。

　動くお手玉をタッチすることで、自然とものを目で追う力がつく。

　ビジョントレーニングは、訓練のようになりがちである。しかし、教材を工夫することで、子どもたちは遊びながら必要な力をつけることができる。

24 ベルタッチ

ねらい：目標物に向かって、走り続けることができる。

所要時間
5分
効果
★★★

「ベルタッチ」教材は、ガムテープの芯と市販の呼び出しベルを合わせて作成する。カラーコーンに被せることで、自ら走りたくなる環境を作ることができる。

課題

走るのが得意な子は、体育の時間や運動の時間を楽しみにしている。反対に、走るのが苦手な子や走ることにモチベーションを保てない子もいる。そのような子にただ走らせる指導をすると、運動することが嫌いになってしまう。そこで、教材を通して、自ら走りたくなる工夫を行う。

作り方

材料 ①呼び出しベル　1つ
②ガムテープの芯　1つ
③ガムテープ（カラー）
④カラーコーン（学校で行うとき）　1つ

道具 特になし

ポイント・コツ check!

呼び出しベルは百円ショップに売っている。

①ガムテープの芯の上に呼び出しベルをのせる。

②ガムテープの芯と呼び出しベルを、ガムテープで巻いて貼りつける。

③上からカラーガムテープで巻いて仕上げる。

使い方

カラーコーンの上に、「ベルタッチ」を被せる。

カラーコーンのまわりを回る周回走やリレーの際、「ベルタッチ」を押して走る。

動画で確認！

check!
ポイント・コツ
手形のイラストをベルに被せるとわかりやすくなる。

check!
ポイント・コツ
笛の音が苦手な聴覚過敏な子の中には、ベルの音なら平気な子もいる。このような場合は、笛の代わりにベルを使ってもよい。

子どもの反応

　特別支援学校では、朝の運動などのときにカラーコーンをよく使う。例えば、コーンまで走って戻ってくるリレーや、周回走などである。いずれにしてもコーンが目印となる。

　私が担当した学年では、朝の運動で万歩計をつけて５分間走を行ったことがある。コーンを四隅において、そのまわりを走る。意欲がある子は、万歩計の歩数がモチベーションになる。

　しかし、走るのが苦手な子や機能的に走るのが難しい子もいる。その子たちにとっても、朝の運動の時間を楽しみな時間にしてもらいたかった。

　もちろん、みんなと一緒に場を共有し、励まされながら走るのが楽しいと感じる子もいるだろう。ただ、それでは走ることにモチベーションを保てない子もいる。だから、様々な工夫が必要になる。

　そこで作成したのが、「ベルタッチ」である。タッチすると「チーン」と鳴り、何度もタッチしたくなる。

　Y君は、走ることに苦手さを感じている子だった。走り続けることは難しく、運動の時間は歩くことも多かった。あるとき、この「ベルタッチ」を紹介したところ、自ら走り出すY君の姿があった。友達と一緒にベルを鳴らすことを楽しみながら、最後まで走りきることができた。

　「ベルタッチ」の利点は、以下の２つである。

❶ 自分が走ったという達成感を目と耳で確認できる。

❷ 鳴らした回数を友達と競争できる。

　さらに、「今日、何回ベルを鳴らしたか、表に書きましょう」と指示をすると、ベルを鳴らした回数を数値化でき、走った距離を見える化できる。また、コーンのベルを友達よりも多く鳴らすゲーム化をすると、子どもは意欲的になる。聴覚化が動機づけになるのだ。「走りなさい」と言わなくても、子どもが自ら走りだす。「ベルタッチ」は、そういう魔法の教材である。

25 転がし卓球

ねらい：①ボールの動きを見て、打ち返すことができる。
　　　　②相手のことを考えて、ボールの強さを調整できる。

「転がし卓球」は、カラーボードを貼り合わせて作ったラケットで、ピンポン球を打ち合う活動である。相手と協力してラリーを続けたり、卓球のように点数を競ったりする。

課題

友達と一緒に活動するのが苦手な子がいる。協力して行う活動では、友達の動きに合わせることが難しい。競争する活動では、負けるとイライラして、人や物に思いをぶつけてしまう。これらの要因は様々だが、人と関わる楽しさを感じてほしい。そのためには、活動と教材の工夫が必要である。

作り方

材料　①カラーボード
　　　②ピンポン球

道具　①はさみまたはカッター
　　　②両面テープまたはボンド

ポイント・コツ　check!

子どもの手の大きさに合わせて、ラケットの大きさを調整するとよい。

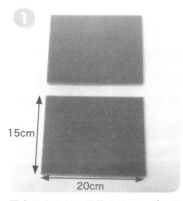

① 写真のように、2枚のカラーボードを切り取る。（1人分）

② ①のカラーボードを四角に切り抜き、持ち手を作る。

③ ②のカラーボードを貼り合わせる。

使い方

①１人でラケットを持ち、教師が転がしたピンポン球を打つ。長テーブルで行うとよい。

②２人で球を落とさないように打ち合う。（ラリー）

動画で確認！

③試合形式で打ち合う。テーブルから球を落としたら点が入るルールとして、得点を競う。

check!

ポイント・コツ

①ボールの動きを目で追うことを意識させるために、長机を使用する。まっすぐ打てず、横からボールが落ちてしまうことが多い場合は、机の横にダンボール等でガードをつけるとよい。

②盲人卓球用の音の出るピンポン球（プラサウンドボール）で行うと、視力が弱い子でも楽しめる。

子どもの反応

友達と一緒に活動することが苦手な子は多い。それは、相手の動きを予想し、それに自分の動きを合わせなければならないからである。ときには、自分よりも相手を優先して行動する必要がある。

T君も、友達と協力して活動することが苦手だった。友達よりも、自分がやりたいことや自分の思いが先行してしまい、トラブルになることもあった。例えば、協力して何かを運ぶ活動では、相手のペースよりも自分のペースを優先してしまう。相手を意識し、相手に合わせる力をつけさせたいと考えた。

そこで、取り組んだのが「転がし卓球」である。ラケットを使って転がすだけの活動だが、ラリーを続けるためには相手が打ちやすい強さの球を返さなければならない。最初にA君と私の２人で取り組んだとき、A君は強く打つことだけを意識していた。

そのため、球が机から落ちてしまうことばかりだった。そこで、ルールを「何回２人で打ち続けられるか（ラリーができるか）」にした。これができるためには、相手が打ちやすい球を返す必要がある。最初は力の調節がうまくできなかったが、継続して取り組むことで徐々に力を調節できるようになった。強さ、方向などを意識して、取り組む様子が見られるようになった。

「転がし卓球」の利点は、以下の２つである。

❶ 単純な動作で転がすことができるので、取り組みやすい。

❷ 球を目で追うことで、追視の学習にもなる。

力を調節して取り組めるようになったA君は、教師だけでなく、友達とも転がし卓球を楽しめるようになった。人の立場に立つことは難しい。しかし、このような楽しい活動を通して、自然と相手を意識できることがまず大切だと考える。

災害時、特別支援の必要な子へ どのような対応をするか?

学生時代から親しく、国内外の特別支援教育に詳しい小嶋悠紀氏と
オンライン（Zoom）にて対談を行った。　　　　実施日：2021年1月10日

1 災害時、特別支援の必要な 子はどのような行動をするか。

小嶋悠紀（以下小嶋）　どの種類の災害かによって、その子の行動様式は大きく変わると思います。

　例えば、東日本大震災のような地震のとき、自閉スペクトラム症傾向の子の行動を思い返すと、テレビで何回も津波の映像を見ていました。多くの定型発達の児童は、あれは1回しか起こらなかったことだとわかるけれど、自閉スペクトラム症の子はあの大きな津波が何回も来ていると思ってしまう。だから、パニックが何回も起こる。「また来たんだ、怖い」となる。不安傾向の強い子は、何回も映像をリピートするようです。

　次は水害。2019年の台風19号では、長野市の私の自宅は被害から免れたけど、それは対岸が決壊したから来なかった。対岸が決壊していなければ、うちが2階まで浸水する状態でした。水害は自分の家が被害になるのか、ならないのか、はっきりわからない。だからとても不安が強い。「流れてしまったらどうするんだろう」「流れていなかったら大丈夫なのか」という「揺らぎ」が強い。局所的な災害、しかも先行きが見えない災害は情緒不安定になりやすいと思いました。

武井恒（以下武井）　こちら（山梨）は水害の被害はなかったのですが、災害時は、特別支援学校の子どもたち、特に知的に重度の子がいる学校の中では、パニックが起こると予想しています。「災害」という、いつもと違う状況が不安なのですね。非常時に安心できるものがないと本当に辛くなると思います。

小嶋　災害が、いつ、どこでも起こる可能性があると考えると、まず「何を持ち出すか」が非常に大切ですね。自閉スペクトラム症の子どもなら、「いちばん自分の大切なもの」「かけがえのないもの」などです。これを袋に詰めておいて、持ち出す習慣をつける。例えば、レストランに行くときなどに、「この袋を持っていけば、お気に入りは全部入っている」みたいな袋を持つ習慣をつけておく。災害時も「それだけ持っていけばいい」と言える。だから、災害時だけではなくて、日常的に災害時の行動様式につながることをしておくことが大切ですね。

　私は台風19号のときに避難所も行きましたが、最近の避難所は、東日本大震災や熊本地震などの大災害を経験してパーテーションがしっかりして、プライベート空間が以前より守られている感じがします。ただ、家ではないので、発達障害の子たちが普段使っている毛布などを1枚持ち出すだけで、安心感が違う。これは結構おすすめです。

武井　そういう自分の気持ちを安定するグッズを持つのはすごく大事ですね。でも、外出先で避難するなど、持って行けなかった場合、どうしますか。

小嶋　思いつくことは、体育館や公民館が基本的に避難所になることが多いから、避難所

武井 恒　　　　　　小嶋悠紀

長野県公立小学校教諭。大学時代より発達障害の青年たちの余暇支援活動団体を立ち上げ、発達支援に関わる。卒業後は、長野県養護教諭研究協議会において県内の幼小中高特の千名の養護教諭に講演を行うなど活発な活動を行う。NPO法人長野県教師力向上NETの発達支援者育成部門担当。

のリーダーの人にお願いをして、部屋のすみっこにしてもらうこと。「こういう発達の特性がある子で……」と伝えます。ただ、話し言葉だとうまく説明できないですから、「どんな特性を持っている子か」をまとめたものを持ち歩くとすごくいいと思います。

武井　その子の情報を載せているものということですか？

小嶋　そうです。紙でもいいですが、スマホに子どもの情報をPDFで1枚、わかりやすくまとめたものを入れておくなどです。

　緊急事態のとき、「クライシスサイコロジー」*では全員のIQが下がります。つまり、災害時やクライシス（危機）のとき、人間のIQは軒並み下がって、突飛のない行動をとる特性がある。話す側も受け入れる側もIQが下がるから、言葉で説明してもわからない可能性があります。だからPDFを避難所のリーダーの人に送って、読んでもらうほうが理解しやすくなる。

武井　視覚的な刺激への対応は、避難所のすみっこでいいですが、音などの刺激はどうしますか？　それから、障害のある子は「体育館は避難するところじゃない。運動するところ」と思う可能性もありそうです。

小嶋　知的障害が重い子に武井先生ならどう説明しますか？

武井　説明はできないでしょうね。避難所に入れないなら、その子が安定する場所を見つけてあげようとすると思います。

小嶋　音の刺激への対応については、保護者の方は、耳栓やイヤーマフなどを常に取り出せる

ところに置いておくといいですね。1個ではなく2、3個。車に入れておくのもよいと思います。地震で家が壊れても車の中にあるなどの状況を作っておくのが重要です。

　それから、家にテントを用意しておくといいです。

武井　テントはいいですね。

小嶋　1年に何回か日常的にキャンプをすると、テントに泊まることに慣れる。避難所に入れないときは、家の庭や校庭にテントを張って、その中で生活するほうがいいでしょうね。まわりに迷惑をかけることもないし、その子自身もパニックにならない。家族だけの空間がつくれる。今、テントは安く買えますから。

武井　キャンプをして、自閉スペクトラム症の子に自然に触れさせるのもすごくいいですね。

小嶋　知的に重い子をキャンプに連れ出すと、思いがけない一面が出ますね。緊急時のトレーニングも兼ねておすすめしますね。

武井　私の学校でも1人用のテントがあります。クラスに1つずつ置いて、必要なときに、子どもはそこで落ち着けるような感じになっています。

小嶋　アメリカのボストンの学校でもよく見ました。キャンプが趣味の先生は、普通学級にも自分のテントを教室に置いていました。テントは、簡単にパーソナルスペースを作れますからね。

　あとは、LEDライトが1個あるといいですね。光は彼らにとって非常に落ち着くファクターのひとつです。

　テントでなく寝袋でもいいですね。寝袋の中

＊危機的状況のときの心理。

にスポッと入ると感覚として落ち着きます。

武井　圧迫される感じがいいという子もいますね。

小嶋　実際に、アメリカには体にまとう商品がありますよ。

2 災害時、教師や大人（地域住民）は、どのように子どもへ対応するとよいか。

武井　今まで出てきた「もの」を用意する方法もあります。この本では、「安心させる」「発散させる」教材を紹介したいと思っているので、その視点から意見を聞かせてください。

小嶋　特性によって対応は違うと思うのですが、避難所に行くと気持ちが閉鎖的になります。避難所から出たくなくなります。だから、昼間は外を散歩して発散させるのがいいと思います。

　それからスマートフォンでYouTubeなどの映像を見せて、思いっきり熱中させるのもいいです。ニュースは見せません。自分の好きなYouTubeを見る。YouTubeが生命線になる子がいると思います。だから、電源の確保が重要で、日頃からモバイルバッテリーなどは持っていてほしいですね。

武井　YouTubeを活用しようと思うのはなぜですか？

小嶋　YouTubeが全ていいわけではないのですが、そう思う転換点がありました。本当に

二次障害の重い子どもを担当したとき、もう何にもはまらないんです。学習どころか遊びもまともにできない。二次障害が大きすぎて、ほぼ行為障害みたいな子どもたちです。しかも、相手を殴っていくみたいな。同じ学年の子に、はさみを突き立てた子もいました。その子たちを担当したとき、ようやく携帯のゲームやYouTubeを見てくれました。

　ということは、災害時にYouTube等を見せるのは悪ではない。逆に、「人対人」でなんとかしようとするほうが厳しいかもしれない。災害時は、その子も大人もIQが下がるから、よりシンプルに対応することがすごく大切です。

武井　なるほど。

小嶋　話は戻りますが、避難するときの持ち物について、いちばん最適な指示は「お金で、もう一度買えるものは置いていきなさい」だと思います。私は「お金を出しても買えないものは持っていきなさい」と言いました。これはシンプルでした。それで、タイマーを用意して「10分で用意しなさい」と。

武井　やっぱりそのときだけでなくて、事前に持ち出す準備をしておくのが大事ですね。

小嶋　そうです。台風19号のときに思いついたのが、今の指示です。IQが70〜100くらいの自閉スペクトラム症、情緒障害のような子には、この指示は通用すると思いますね。

武井　いい指示ですね。

　今回、書籍を作るにあたり、いくつか教材を作っています。災害時の気持ちの発散や安定などにつながるか、ビデオを見ていただけません

子へどのような対応をするか？

か？（使い方の動画を見せる。）

この「トルネードペットボトル」は好きな子が多いですね。

小嶋　いいですね。ハーバリウムみたいに油を使ってもいいと思います。

この液体系の教材は、アメリカの学校でも非常によく見ました。自閉スペクトラム症の重い子どもに持たせて、センサリー*として遊ばせていました。こういうのがいくつかあるといいですよね。その場で作れますからね。

武井　（動画「にぎり棒」を見せる。）

小嶋　これもいいですね。ゲーム性があるのは大事です。得点という概念が理解できれば、盛り上がります。

（動画「とことこタコ」「しっぽひき」などを見て、すぐに作れること、盛り上がれることがよいと話す。）

小嶋　この「折り紙飛行機と発射台」もいいですよ。（https://pin.it/6AQSaPy を示す。）

折り紙と輪ゴム、画用紙で作れて、とてもいいアイデアです。このような教材は、男の子が熱中しますよね。

武井　実際にやったことはありますか？

小嶋　あります。実際に子どもたちが作ると、最初はうまく飛ばない。だけど、熱中する。私が飛ばすのを見て、「こうすればいいんじゃないか？」と考えて、1日遊べてしまう。一瞬の遊びでなく、1日継続する遊びがあると、災害時の過ごし方としては理想的です。

武井　他にキーワードはありますか。「静かに遊べる」「人と遊べる」など。

小嶋　「1人で熱中できる」「その場にあるもので熱中できる」「材料が3～4つで作れるもの」ですかね。避難所は、材料が絶対に限定されてしまいます。

武井　どれも、今回紹介した教材と考え方が重なるところがあります。

最後に、特別支援教育の重要性が増す今日の中で「特別支援教育に携わる先生方の向上と担保について」の見解を教えてください。

小嶋　もし可能ならば、初任3年間を経た先生は全員特別支援学級を担当にさせる。つまり、若い力を入れないといけないと思っています。なぜかというと、なんらかの事情で普通学級が担任できなくて、特別支援学級を担任している先生が半分以上いる。専門性も何もないです。

専門性の向上というならば、基本的に普通学級で授業ができない人は、特別支援学級もできません。さらに、質の担保を考えるならば、研修構造、人事配置を整えなければならない。新卒3年間で普通学級のノウハウをきちんと学んだ先生が、次の3年間は特別支援学級の担任を行うと決める。そのようにして、多くの若い先生が特別支援学級を経て、もう一度普通学級に戻ると、見える世界が変わると考えます。

武井　災害時の対応、教材、さらには教師の専門性についてもお話しいただきありがとうございました。本書が多くの先生方、子どもたちの役に立つことを願っています。

*子どもの感覚に働きかけ、行動調整を行う感覚刺激教具のこと。

所要時間
15分
効果
★★★

26 トルネードペットボトル

ねらい：気持ちを安定させることができる。

「トルネードペットボトル」は、ペットボトルに色水を入れ、2つのペットボトルをホースで接続したものである。回してから置くと、渦ができながら水が落ちていく。

課題

　自分では抱えきれない不安な気持ちを、ものを投げたり、人を攻撃したりすることで表現する子がいる。突然過去の嫌な記憶を思い出し（フラッシュバック）、不安定になる場合もある。これらの原因は様々だが、感覚にアプローチすることで、その不安な気持ちを和らげる必要がある。

作り方

材料　①ペットボトル　2本
　　　　②食用色素
　　　　③ホース
　　　　　（内径2.5cm　切り売りされているものがよい）
　　　　④ビニルテープ
道具　①はさみまたはカッター

ポイント・コツ　check!

①丸みを帯びた炭酸のペットボトルのほうが、渦を作りやすい。
②ホースは、ホームセンターなどに切り売り数百円で売っている。

2本のペットボトルの口の部分のプラスチックをとる。

1本のペットボトルに水と食用色素を入れる。（水450mlに対し、色素1g程度がよい。）

ホースで2本のペットボトルを接続する。水が漏れないよう、接続部分にビニルテープを巻く。

使い方

水の入ったほうのペットボトルを上にして、くるくると素早く3～5回転させる。

①のまま、平らなところに置くと、渦ができながら水が落ちる。

全部水が落ちたら、①、②の動作を繰り返す。

ポイント・コツ

check!

きれいな渦を作るためには、素早く回転させる手首の動作が必要になる。子どもが行うのが難しい場合は、教師が代わりに回転させ、見せることを優先する。

子どもの反応

コロナウイルスの影響で、2020年は様々なことが自粛された。外へ出て気分転換や、気持ちを発散させることが難しくなった。特に気持ちの安定に課題のある子は、発散方法が限られていることが多い。そのような子は苦しい日々を過ごしていたに違いない。

Y君は、気持ちの安定に課題のある子だった。過去の嫌な思い出が突然蘇り、どうしたらいいかわからなくなる。そのため、突然泣き出したり、人を攻撃したりする様子が見られた。そのような場合は、場所や人を変え、クールダウンさせる必要がある。ときには、その時間が1時間ほど必要なこともあった。できれば、気持ちを安定させて1日を過ごしてほしい。保護者も教師も、誰もが思っていることだった。

そこで、気持ちが不安定になってから対応するのではなく、不安定になる前に対応する方法を模索した。その1つが「トルネードペットボトル」である。

この教材は、別の児童も使っていたため、見慣れていたY君は抵抗なく受け入れた。「トルネードペットボトル」を手渡すと、眺めたり振ったりしていた。私が回転させて渦を作ると、さらにじっと眺めていた。自分で回転させることは難しかったので、しばらくは私が回転させて渦を作り、Y君が眺めることにした。コツをつかむとY君も渦を作れるようになり、休み時間に使用する姿が見られた。落ちる渦を眺めることで、気持ちが安定する様子だった。「トルネードペットボトル」の利点は、以下の点である。

気持ちが落ち着く時間を自分で作ることができる。

長期休みには、この教材を家庭でも使用してもらった。自分で気持ちを落ち着かせる方法を1つではなく、いくつももっているほうがいい。想定外の災害が起こりうる現在、必要なことである。

所要時間
5分
効果
★★☆

27 記憶コップ

ねらい：記憶を保持することができる。

「記憶コップ」は、紙コップに工作紙で蓋をつけたものである。片方の紙コップにものを入れ、蓋をする。紙コップを動かした後、子どもは、ものが入っているほうを当てる。

課題

ものを覚える力は、学習の基礎となる。学習だけでなく、神経衰弱に代表されるように、友達と一緒に遊ぶ場面でも必要な力である。しかし、覚えることが苦手な子もいる。そのような子には、記憶することの練習が必要になる。

作り方

材料　①紙コップ　2個
　　　　②工作紙
　　　　③ペットボトルの蓋　2個（同じもの）
　　　　④紙コップに入れるもの
　　　　　（消しゴムやピンポン球など）

道具　①はさみまたはカッター
　　　　②ボンドまたは両面テープ

check! ポイント・コツ

①紙コップの数を増やすことで、難易度が増す。
②紙コップに入れるものは、子どもの興味のあるものがよい。

check! ポイント・コツ

蓋を作らずに、紙コップをさかさにして行ってもよい。

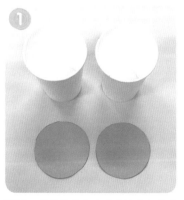

❶ 紙コップのふちの大きさに合わせて工作紙を切る。（2枚）

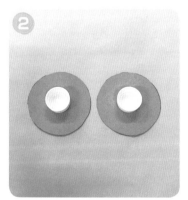

❷ ❶の裏（灰色部分）にペットボトルの蓋を貼りつける。

使い方

教師が２つの紙コップを用意し、片方にものを入れて、蓋をする。

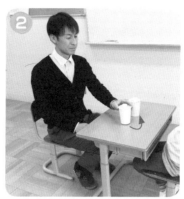

ものが入っているほうだけ動かす。どちらに入っているかを子どもに訊く。子どもはものが入っている紙コップを選び、蓋をあける。

❶と同様に行い、今度は２つの紙コップを入れ替えるように動かす。子どもはものが入っている紙コップを選び、蓋をあける。

ポイント・コツ check!

覚えることが難しい場合は、最初に蓋を外して行うとよい。ものが入っている紙コップを覚え、目で動きを追う必要がある。これはビジョントレーニングにもなる。

子どもの反応

　物事を覚えたくても、なかなか覚えられない子がいる。原因は様々あるが、１つは「見る」ことに課題があると考えられる。「脳のメモ帳」とよばれるワーキングメモリの機能が弱いと、見て記憶することに困難が生じる場合がある。例えば、黒板の板書を写す際にも、板書の字を一時的に記憶し、目の前のノートにアウトプットしなければならない。ここにつまずいてしまうと、授業についていけなくなる。そのような子には、個別の支援が必要になる。同時に、記憶する力を高める取り組みも大切になる。

　S君は、物事をなかなか覚えられない子だった。見ることにも困難さを示し、自分のやり方で答えようとする場面が多く見られた。そこで、見続ける力と記憶する力を高めるために「記憶コップ」を使って課題に取り組んだ。

　まず、２つの紙コップを用意し、片方の紙コップの中に、S君の好きなキャラクターのシールを貼った消しゴムを入れた。すぐに２つの紙コップに蓋をし、どちらに入っているか訊いた。これはすぐに答えることができた。次に、同じように片方に消しゴムを入れて蓋をし、動かして位置を入れ替えた。S君は消しゴムが入っているほうの紙コップを選ぶことができなかった。蓋を開けて驚いていた。そこで、次は消しゴムの入った紙コップを、S君の目の前でゆっくり動かした。S君は目で追い、正しく答えることができた。

　「記憶コップ」の利点は、以下の点である。

　目で追いながら記憶の学習ができる。

　やり方がわかったS君は、教師役になり、私や友達に問題を出すようにもなった。消しゴムが入っているほうを目で追いながら、一生懸命覚えようとする姿が印象的だった。

所要時間
10分
効果
★★☆

28 スポンジ移し

ねらい：力を調整しながら、道具を使ってスポンジを移すことができる。

「スポンジ移し」は、穴をあけたタッパーに、道具を使ってスポンジを移す活動である。スプーンですくうことや箸でつまむ動作を促すことで、指先の巧緻性を高めていく。

課題

手先が不器用な子がいる。鉛筆や箸をうまく持てずに、日常生活で困る場面がある。手先が上手に使えるようになるには、指先をスムーズに動かす必要がある。道具を使いながら握る、つまむ、離すなどの動作を引き出す工夫をする。

作り方

材料
①タッパー　2個
②スポンジ　1個
③スプーン
④割り箸

道具
①はさみまたはカッター
②油性ペン

ポイント・コツ　check!

穴をあけたタッパーの蓋にイラストを描く（穴の部分を口にする）と、子どもの興味をひきつけることができる。

食器洗い用スポンジを写真のような大きさに切る。（10個程度）

4cm
2cm

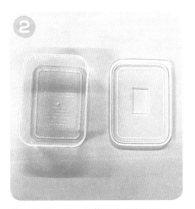
1つのタッパーの蓋に穴をあける。

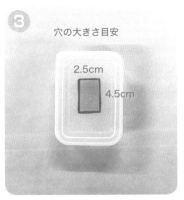
穴の大きさ目安
2.5cm
4.5cm
②のあけた穴の淵を赤く塗る。

使い方

スポンジを手でつまんでタッパーに入れる。

スプーンや割り箸を使ってスポンジをタッパーに入れる。

片方の手でタッパーを持ち、もう片方の手でスプーンや箸を使って、スポンジを入れる。

ポイント・コツ　check!

穴のあいたタッパーを離れた場所に置き、道具を使ってスポンジを運ぶリレーをしても面白い。

子どもの反応

　穴にものを入れることが好きな子は多い。「入れる」というゴールが明確なこと（目標）、どこまでやったかわかること（経過）、どこまでやればいいかがわかること（見通し）などが関係している。それを教材に生かすことで、子どもの動きを引き出すことができる。これらの課題は「プットイン課題」とよばれる。

　T君も穴にものを入れるのが好きな子だった。給食では、箸を使うことを嫌がるときがあった。そこで、箸を自然と使いたくなる課題を用意した。それが「スポンジ移し」である。

　タッパーの蓋にスポンジが1つ入るくらいの穴をあける。私が箸を使ってスポンジをつまみ、穴に入れる。T君はじっと私の動きを見ていた。箸をT君に渡すと、すぐにやり方を理解し、用意してあった数十個のスポンジを箸で次々とつまんで穴に入れた。集中している姿が印象的だった。

　J君は、箸を使うことが難しかったので、スプーンを用いた。スポンジは軽いので、力を調節しながらすくう必要がある。最初は力任せにスプーンを使っていたJ君であったが、徐々にコツをつかみ、1つずつスポンジをすくって穴に入れられるようになった。

「スポンジ移し」の利点は、以下の2つである。

❶ 穴があることで、自然とやりたい気持ちを引き出せる。

❷ スポンジに適度な弾力があるので、つまみやすい。

「スポンジ移し」は、主に机上で行っていた。穴の大きさやスポンジの大きさを変えることで、難易度も調整できる。飽きずに取り組むことができるので、椅子に座っている時間が増えた。気持ちも安定する日が増えた。給食でも、いつの間にか嫌がらずに箸を使う姿が見られている。

㉙ ダンボールオセロ

ねらい：注意を切り替え、判断して動く力をつけることができる。

「ダンボールオセロ」は、ダンボールを丸に切り取り、表裏にそれぞれ色紙を貼ったものである。自分の色を決め、相手の色を裏返して自分の色にする。対戦形式で行うとよい。

課題

自分の気持ちを抑えられずに、手が出てしまったり、思わず暴言を言ってしまったりする子がいる。自己抑制とよばれる脳の機能に課題がある場合が多い。自分の気持ちをコントロールすることは難しいが、注意を切り替える活動を通して、行動を抑える力をつけていく。

作り方

材料　①ダンボール
　　　②色紙（2色）

道具　①はさみまたはカッター
　　　②のりまたは両面テープ

ポイント・コツ　check!

①使用する場所に応じて、切り取るダンボールの大きさを変えるとよい。

②色紙がなければ、マジックで塗ってもよい。

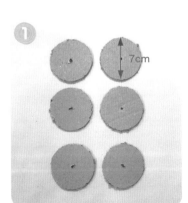

①
ダンボールを丸く切り取る。
（子ども1人につき6枚程度）

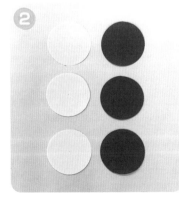

②
色紙を丸く切り取る。

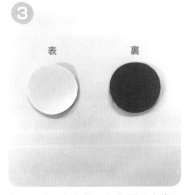

③
表　　裏
①に、②で切り取った色紙を表裏に貼る。

使い方

【2人1組の場合】ダンボールを机の上に表裏が同じ数になるように並べ、自分の色を決める。

時間を設定し、自分の色になるように相手の色のダンボールをひっくり返す。（最初は10秒程度がよい。）

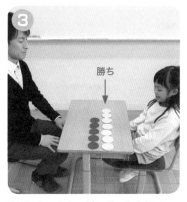

時間になったら、ダンボールを並べて、数を比較する。多いほうが勝ち。

動画で確認！

check!

ポイント・コツ

慣れてきたら、チーム戦にするとよい。コミュニケーションが生まれ、人を意識した関わりができるようになる。

子どもの反応

　I君は、勝負にこだわりがあり、負けるのを嫌がる子だった。勝ち負けのある活動では、友達に負けると極度に悔しがり、その場で泣いたり、手が出たりした。活動に対する意欲は素晴らしいが、自分の気持ちを抑えることが難しかった。そこで、負けを受け入れることや気持ちを切り替えることをねらい、様々な活動に取り組んだ。その1つが「ダンボールオセロ」である。

　この活動では、自分の色ではない相手の色に注目する必要がある。活動に熱中すると、自分の色と相手の色の区別がつかなくなり、自分の色のダンボールをひっくり返してしまうことがある。また、次々に変わるダンボールの色を判断して行動する力も要求される。注意を切り替えながら、やるべき行動を考えなければならない。単純な活動だが、求められる力は多い。

　I君も最初は、速さを意識するあまり、自分の色のダンボールまでひっくり返してしまうことがあった。

　数や時間、場所を限定して少しずつ取り組んでいった。取り組みの当初は、うまくできずに負けると悔しくて泣いてしまうこともあった。しかし、慣れてくると、遠くに置かれた相手のダンボールにも注意を向けられるようになり、ひっくり返すことが正確になった。次第に、勝つことも増えていった。勝ったり負けたりを繰り返すことで、次へ気持ちを向けられるようになった。

　「ダンボールオセロ」の利点は、以下の2つである。

❶ 短時間で勝負がつく。

❷ 一見して、結果がわかる。

　2人1組で取り組んだ後は、友達とチームを組んで行った。友達と自然に会話をし、作戦を立てたり、勝利を喜び合ったりしていた。負けても、「ドンマイ」と言いながら、気持ちを切り替える姿も見られるようになった。

所要時間
5分
効果
★★★

30 とことこタコ

ねらい：息を調整して吹いたり吐いたりすることができる。

「とことこタコ」は、折り紙を丸めて貼りつけ、切り込みを入れたものである。目を描くことで、タコに見立てる。息を「ふー」と吹いたり、「はー」と吐いたりすることで、タコが動く。自然と息を調節できるようになる。

課題

発語が難しい子がいる。理由の1つに、息を調節して吹いたり吐いたりすることができないことが挙げられる。発語するためには、「息」がポイントになる。楽しみながら、自然と息を吹いたり吐いたりする取り組みを行うことが大切である。

作り方

材料　①折り紙または紙
道具　①はさみまたはカッター
　　　②のりまたは両面テープ
　　　③ペン

ポイント・コツ check!

のりをつける部分に印をつけておく（または色を塗っておく）とわかりやすい。

① 折り紙の端にのりをつけ、筒状にする。

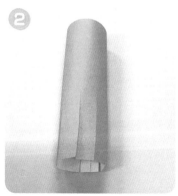
② はさみで8か所、半分ぐらいまで切り込みを入れる。

③ 目や口などを自由に描き加える。上からかるく押して、足を曲げる。

使い方

机の上に「とことこタコ」を置き、息を吹いたり吐いたりして移動させる。

目的地を決め、息を調節して移動させる。

複数人でそれぞれ「とことこタコ」を用意し、息だけで紙相撲をしたり、レースをしたりする。倒れたら負けなどのルールを決める。

動画で確認！

第2章 災害時など、避難所等でも役立つ教材

ポイント・コツ

check!

大きな声を出してもよい環境なら、息を吹いたり吐いたりするだけでなく、「『あ』の声でやってみよう」などと、発語を促してもよい。

子どもの反応

　T君は、発語はあったが、聞き取るのが難しかった。ジェスチャーを交えながら伝えようとするが、なかなか伝わらなかった。伝わらないもどかしさから、物や人に当たることもあった。よく聞いてみると、「あ」の発声の強弱で伝えようとしていることが多かった。例えば、歯切れよく強い口調で「あ」と言う場合は、「嫌だ」という意思表示である。T君なりに発声に変化をつけ、かつジェスチャーも交えて伝えようとしていることがわかった。

　そこで、より伝わりやすくなる発声を促すために、楽しみながら息を吹いたり吐いたりする活動に取り組むことにした。その際、使用したのが「とことこタコ」である。折り紙を丸めて切り込みを入れるだけなので、すぐに作れる。子どもと一緒に作ることで、のりやはさみの使い方も指導できる。しかも、「とことこタコ」に息を吹きかけたときの動きが面白い。本当に「とことこ」と動く様子が興味を引く。

　私が息を吹きかける様子を見ていたT君は、すぐに真似して息を吹きかけた。最初は口をすぼめて「ふー」と吹くことができなかった。発語するように「はー」と息を吐いていた。思うようにタコが動かない様子を見て、息の吹き方、吐き方を試行錯誤する姿が見られた。やがて、吹くことが上手になり、息を吹いて遠くまで移動させられるようになった。

　「とことこタコ」の利点は、以下の2つである。

❶ 子どもと一緒に簡単に作成できる。

❷ タコの動きを見て、吹き方（吐き方）を試行錯誤できる。

　T君は、机の端から端までタコを移動させる際は、吹く方向にも気をつけ、落ちないように吹いていた。また、息の調整も自然とできるようになった。それに伴い、発語も「い」や「う」の口形ができるようになった。少しずつではあるが、伝わりやすくなっている。

31 にぎり棒

ねらい：目と手の協応動作ができる。

「にぎり棒」は、新聞紙を丸めてマスキングテープで巻いたものである。子どもの目の前で棒を落とし、子どもは落ちてくる棒を片手でキャッチする。目で見て、手を動かす動作を促していく。

課題

ものを目で見て手を動かすことは、あらゆる学習の基礎となる。目と手を協応させることが難しいと、学習につまずきが見られるようになる。文字を書くことや運動が苦手な子の中には、見ることに課題のある子がいる。まずは、見る力を高め、体を連動させていく必要がある。

作り方

材料　①新聞紙6枚
　　　②マスキングテープ（3色）

道具　①セロハンテープ
　　　②はさみまたはカッター

ポイント・コツ

マスキングテープを巻くときに3色の長さを均一にしないことで、難易度を変えることができる。

新聞紙6枚（朝刊1日分）を閉じている部分からまとめて丸める。

セロハンテープで仮どめをする。

3色のマスキングテープを、同じ長さの3か所に分けて巻く。

使い方

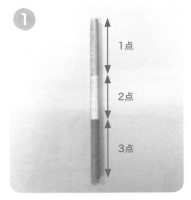

① いちばん上が１点、真ん中が２点、いちばん下が３点など、得点を決める。キャッチした部分の色が得点となる。

教師が棒の上を持ち、子どもは棒の下で片手を広げて構える。

「３、２、１」の合図で教師が棒を落とす。子どもは落ちてきた棒を片手でキャッチする。

ポイント・コツ check!

①右手、左手どちらでもできるとよい。

②慣れてきたら、「３、２、１」の合図をしないで行ってみる。

動画で確認！

子どもの反応

　H君は、見ることに課題のある子だった。そのため、キャッチボールをするときも、なかなか手が出ず、キャッチするのが難しかった。目と手が連動していない印象があった。

　そこで、まずはものを見続けること、動いているものを追って見ることなどのビジョントレーニングに取り組んだ。これと並行して、目で見て手を動かす「目と手の協応」の課題にも取り組んだ。その際、使用した教材が「にぎり棒」である。

　教師が棒の上を持ち、子どもは棒の下で片手を広げて構える。最初にやってみたときは、H君は落ちる棒をキャッチできなかった。棒と手の距離が広すぎたのが原因だと考えた。そこで、棒と手の距離を縮め、H君の手の真上に棒を位置づけた。「３、２、１」の合図で棒を落とすと、今度はキャッチすることができた。

　次に、より早くキャッチできるように、色を目安にすることにした。棒のいちばん下の色でキャッチできたら３点（真ん中は２点、いちばん上は１点）であることを伝えると、H君のモチベーションが上がった。最初は１点や２点を取ることがほとんどだったが、徐々にタイミングを合わせて３点の色でキャッチできるようになった。集中して見続けることもできるようになった。

　「にぎり棒」の利点は、以下の２つである。

❶ 身近にあるものですぐに作成できる。

❷ テープを巻く長さの調節で、難易度を変えられる。

　慣れてきたら、左右両手でキャッチさせたり、合図なしで落とした棒をキャッチさせたりした。また、テープの色の長さを変え、難易度を上げたものにも挑戦させた。目で見て手を動かせるようになってきたH君は、キャッチボールにも挑戦している。

32 しっぽ引き

ねらい：①負けを受け入れることができる。
②相手を意識したやりとりができる。

「しっぽ引き」によるゲームは、ポリエチレン製などのテープの端に洗濯ばさみをつけ、お互いの服の裾に挟み、引っ張り合うものである。いつでもどこでも誰でも参加可能なゲームである。

課題

　勝負に負けると怒り、物を投げたり、人を攻撃したりする子がいる。負けを受け入れることが難しいのだ。裏を返すと、学習する意欲は人一倍あるともいえる。負けを受け入れるためには、負けを乗り越える経験を多く積むことが大切である。

作り方

材料　①ポリエチレン製などのテープ
　　　　②洗濯ばさみ

道具　①はさみまたはカッター

ポイント・コツ check!

テープの長さで人との距離感を教えることもできる。

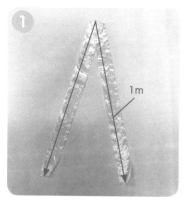

① 1m

テープを1mの長さに切る。

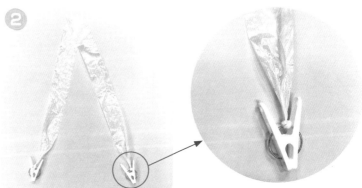

②

①の両端に洗濯ばさみを付ける。

使い方

2人1組になり、洗濯ばさみをお互いの服の裾に挟む。そして、手を頭の上に置き、「よろしくお願いします」の挨拶をする。

「3、2、1」の合図で、手を使わずに引っ張り合う。

洗濯ばさみが残っていたほうが勝ちとなる。

ポイント・コツ

check!

動画で確認！

まわりで見ている子には、負けた子に「ドンマイ」などの前向きな声掛けをすることを促す。

子どもの反応

　D君は、勝ちにこだわる傾向があった。誰にも負けたくないという気持ちが強く、負けてしまうと相手を突き飛ばしてしまうことがあった。まわりの友達も、次第に怖がる様子が見られるようになった。D君は活動に意欲的ではあるが、自己コントロールに課題がある。負けを受け入れられるようになると、生活がしやすくなると考えた。

　負けを受け入れることは、一朝一夕にはできない。勝ち以外の価値観を見出す支援をしたり、何度も勝負をして、負けても次に向かえる力をつけたりする支援が考えられる。そこで考えたのが「しっぽ引き」である。教室内でできる活動で、すぐに勝負がつく。運に左右されるところもあり、勝ったり負けたりする経験を何度も積むことができる。

　早速クラスのみんなで一緒に取り組むことにした。

　D君はとても意欲的だった。洗濯ばさみを服の裾に一生懸命押し込んで挟んでいた。し

かし、それでも負けてしまうことがあった。最初はイライラして洗濯ばさみを投げつけることもあったが、まわりの子から「ドンマイ」の声を掛けられると少し落ち着いた。また、D君も負けてしまった友達に、「ドンマイ」と声を掛けられるようにもなった。何度も経験する中で、少しずつ負けても怒らないでいられることが増えた。

　「しっぽ引き」の利点は、以下の3つである。

❶ いつでも、どこでも、誰でも活動できる。（障害があってもなくても、年齢差があってもなくても楽しめる。）

❷ 勝負がすぐにつく。

❸ どちらが勝ったか一目でわかる。（洗濯ばさみが残っていたほうが勝ち。）

　D君はこの活動を通して、日常生活の中でも、落ち着いて過ごせるようになった。友達が失敗してしまったら、「ドンマイ」と声を掛ける余裕もできている。

指先・手先が不器用

ボタンひも通し

ねらい：穴の位置を見て、ひもを通すことができる。

課題

　手先が不器用な子は、両手を連動させることが難しい。そのため、片手で紙を持ってはさみで切るなども苦手なことが多い。そのような子に、両手を使う教材を用いて手指の巧緻性を高めていく。

材料

①ボタン　20個程度
②ひも（30cm程度）　2本
　（ボタンの穴にもよるが、
　太いものがよい）

道具

なし

作り方

❶ ひもの片方の端を縛り、通したボタンが抜けないようにする。これを2つ作る。
❷ ひものもう片方の端は、ボタンを通しやすいように、セロハンテープ等を巻いて細くしておくとよい。

使い方

❶ ボタン（2つ穴、4つ穴）にひもを通す。
❷ できるようになったら、教師用の見本を見て、色や形が同じになるようにボタンにひもを通す。

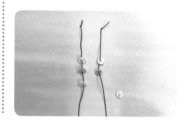

感覚に刺激を与える　心の安定を図る

卵パッククッション

ねらい：体の部位で、心地よさを感じられる。

課題

　気持ちが不安定なときに、心地よい感触を求める子は多い。柔らかいものや弾力のあるものなど、好みは人それぞれである。大事なことは、自分の心地よい感触を知り、その感触をいつでも手に入れられる環境を作っておくことである。

材料

①クッションカバー
②空の卵パック　10個程度
　（クッションカバーの
　大きさによる）

道具

なし

作り方

❶ クッションカバーの中に、空の卵パックを重ねて入れる。

使い方

❶ 卵パッククッションを触ったり、抱きしめたり、踏んだりして、心地よいと思う使い方を探す。

感覚過敏がある

袋探し

ねらい：ものを手探りで探し、さまざまな感覚に慣れる。

課題

感覚に過敏性があり、触られただけで極度に緊張してしまったり、不快に感じてしまったりする子がいる。そのような子には、まず自分の手でものを触ることから始めていく。

材料

①袋　２つ
②袋の中に入れるもの
（ボール、たわし、スポンジ等）　２セット

道具

なし

動画で確認！

作り方

1 ２つの袋に、それぞれ同じものを入れる。入れるものは、たわしやスポンジなど、触覚で違いがわかりやすいものがよい。

使い方

1 教師が袋からものを１つ出す。それと同じものを自分の袋から出すように促す。

子どもの反応

S君は、感覚に過敏性があり、手足に触られるのを嫌がる子だった。同様に歯磨きも苦手である。つまり、防衛反応が働いていた。特別支援を必要とする子どもたちには、同様の反応を示す子が多い。逆に反応を感じにくく、自己刺激行動を繰り返す子もいる。だからこそ、正しい知識と子どもの感覚の特徴に気づくことが大切である。

感覚過敏に対応するキーワードの１つは「触覚」である。触覚には、「識別系」と「原始系」の２つの働きがある。識別系は認知的な能力であり、触ったものに注意を向けるときに働く。原始系は、本能的な働きであり、これが働くと防衛反応が出やすくなる。そのような子は、肌に触れた感触がわからないために、混乱して独特の反応を示す。S君の反応はまさにその例である。S君は教師や友達が手をつなごうとすると離れたり、触られるとびくっと体が固まったりしていた。支援として大事なのは、識別系を働かせることである。

私が実践したのは、「袋探し」による手探り遊びである。袋にさまざまな感触のものを入れ、手探りで何かを当てる学習である。

まず、袋の中身を見せ、１つ１つのものを触らせる。このときに意識したのが、触らせるのではなく、S君に触ってもらうことである。ものの感触を確かめたあと、袋に戻す。そして、私が袋からものを１つ取り出し、続いてS君にも自分の袋から同じものを取り出すよう促した。S君は、恐る恐る手探りでものを探しはじめた。最初は中身を見てしまうこともあったが、よいこととした。繰り返し取り組むうちに、中身を見なくても手探りで探し当てることができるようになった。

袋探しの利点は、以下の点である。

> 遊びながら、識別系の感覚を働かせることができる。

日常生活の中でも、ポケットやカバンに手を入れて目的のものだけを取り出す応用編も行った。S君自身が自分から触る行為を続けることで、次第に触られることへの抵抗感も低くなっていった。

子どもの感覚の特徴に気づき、識別系を働かせることが防衛反応へアプローチする支援の鍵である。

Q&A

Q1 文字の教材を作るとき、書体は何にすればよいですか？

A1 最近は、「モリサワ」が提供していえる「UDデジタル教科書体」が主流です。教科書や市販のワーク等でも多く採用されています。点画の方向や終筆（はらい・はねなど）の形状を保ちながらも、太さの強弱を抑え、読みに障害のある子どもにも読みやすいことが特徴です。

ただ、すべての子に当てはまるとは限りません。パワーポイント等のプレゼン教材を使うときは、ゴシック体のほうが見やすいと感じる子もいます。大切なのは、目の前の子どもにとって、読みやすい書体を取り入れることだと考えます。

Q2 教材を作るときは、縦書き・横書きのどちらの文がよいですか？

A2 どちらも必要だと考えます。日常生活では、横書きが主流です。子どもにとっては横書きのほうがなじみやすいかもしれません。ただ、縦でも横でも同じ文字であることに変わりありません。どちらか一方ではなく、どちらでも読んだり書いたりできるようになると、生活で生きる力になると考えます。

Q3 教材の大きさは変えてもいいのですか？

A3 構いません。本書で紹介している教材の大きさはあくまでも目安です。子どもの実態に合わせて、適切な大きさで作ってください。ねらいに応じて、調整するとよいと思います。例えば、目の動きを高めたいのなら教材を大きく、細部に注目させたいのなら教材を小さくするなどの工夫が考えられます。ただ、あまり大きすぎたり小さすぎたりすると、教材の本来のねらいが達成しにくくなりますので注意してください。

Q4 文字の背景に入れる、色の薄いイラストはどのように作成しますか？

A4 本書の「絵ことばカード」「絵ことば分割カード」で使っている方法をご紹介します。

① Wordにイラストを挿入し、文字を重ねます。

② イラストを右クリック→図の書式設定を開きます。

③ 図の透明度をクリックし、透明度を調整します（下参照）。

デフォルトでは、「透明度0」に設定されています。本書の教材は透明度50％で作成しました。透明度を高めることで、より文字に注目しやすくなります。ぜひ、お子さんに合わせて透明度を調整してみてください。

　令和3年1月26日に開催された第127回中央教育審議会総会において、「『令和の日本型学校教育』の構築を目指して〜全ての子供たちの可能性を引き出す、個別最適な学びと、協働的な学びの実現〜(答申)」が取りまとめられました。この中で、「新時代の特別支援教育の在り方について」に関し、いくつかの観点でまとめられています。特に注目したいのは、「特別支援教育を担う教師の専門性向上」です。

　特別支援教育を担う教師として、特別支援学校の教師や特別支援学級、通級による指導を担当する教師に特別支援教育の専門性が求められるのは当然のことです。しかし、それだけではありません。全ての教師に求められる特別支援教育に関する専門性として、「障害特性に関する理解や特別支援教育に関する基礎的な知識、個に応じた分かりやすい指導内容や指導方法の工夫の検討」が明記されています。すなわち、通常学級を担当する教師であっても、特別支援教育の専門性は必須となるのです。専門性は様々考えられますが、その1つが教材を選択する力や教材を作る力だと考えます。教材を選んだり作ったりするためには、子どもの実態を的確に把握しなければなりません。ぜひ、「はじめに」で紹介したツリーモデル、サポートシートと合わせて教材作りに活用していただければと思います。

　前著『特別支援の必要な子に役立つかんたん教材づくり㉙』では、29個の具体的な教材を載せました。多方面から反響があり、お陰様で版を重ねることができました。本書ではさらに教材数を増やし、コラムを含め38個の教材を載せています。さらに、前著にはなかった「教材の使い方の動画」や「災害時など、避難所等でも役立つ教材」も取り入れました。しかし、教材はあくまでも手段です。教材作りを通して、先生方の専門性が高まり、目の前の子どもたちが笑顔になることを心より願っています。

　本書で紹介した教材も前著同様、すべて出会った子どもたちのために作ったものです。それぞれに思い出があり、ドラマがあります。本当に感謝しています。

　最後に、本書作成にあたり、対談にて多くの示唆に富んだ意見をくださった小嶋悠紀先生に感謝いたします。また、本書を執筆する機会をいただきました学芸みらい社の小島直人社長、編集の青木こずえ様にお礼を申し上げます。

2021年3月

武井　恒

［著者紹介］

武井 恒（たけい・ひさし）

山梨県立かえで支援学校教諭。山梨県立やまびこ支援学校に初任者として赴任。初任者研修を経て、教材づくりを始める。2010年、モンテッソーリ教育賞2010（日本モンテッソーリ教育綜合研究所主催）における実践例編にて入賞。レポートテーマ「障がいのある子とモンテッソーリ教育 〜自作教材を用いたかかわり〜」。2011年、特別支援教育綜合研究所にて専門研修。論文「日常生活への応用や般化に課題のある児童生徒の、生活力を高める教材及び授業の工夫 〜教材・教具関連図を用いた教材及び授業の再考〜」を作成。著書に『特別支援の必要な子に役立つかんたん教材づくり㉙』（学芸みらい社）がある。

［参考文献］

鴨下賢一（2016）「発達が気になる子への読み書き指導ことはじめ」中央法規
北出勝也（2009）「学ぶことが大好きになるビジョントレーニング」図書文化
木村順（2006）「育てにくい子にはわけがある」大月書店
藤崎達宏（2017）「モンテッソーリ教育で子どもの本当の力を引き出す！」三笠書房

特別支援の必要な子に役立つ
かんたん教材づくりⅡ
「いつもどおり」ができない災害時にも役立つ教材集

GAKUGEI
MIRAISHA

2021年4月25日　初版発行

著　者　武井 恒
発行者　小島直人
発行所　株式会社 学芸みらい社
　　　　〒162-0833 東京都新宿区箪笥町31 箪笥町SKビル
　　　　電話番号：03-5227-1266
　　　　HP：http://www.gakugeimirai.jp/
　　　　E-mail：info@gakugeimirai.jp
印刷所・製本所　シナノ印刷株式会社
ブックデザイン　吉久隆志・古川美佐（エディプレッション）
編　集　青木こずえ